別再扯自己後腿了

Get Out of Your Own Way: Overcoming Self-Defeating Behavior

全美最佳精神科醫師教你
戰勝自我挫敗，解決各種難題

馬克・葛斯登 Mark Goulston
菲利浦・高德堡 Philip Goldberg 著
廖亭雲 譯

名家盛讚推薦！

這是一本珍貴的書，針對四十種如果沒有處理就可能毀了你人生的自我挫敗行爲，提供了清晰的洞見、富有同情心的理解，以及實際的解決方案。請把這本書當作一本操作手冊，讓你從自己加諸自身的牢籠中解脫出來，並創造你眞正想要的人生。

——傑克．坎菲爾，《心靈雞湯》系列共同作者

這本書以罕見的仁慈和常識處理扯自己後腿這個敏感的主題，讀者會明白在自我妨礙這方面，他們並不孤單，並且會更仁慈地對待自己，也更能理解自己。

——提摩西．高威，「教練」領域開創者、《比賽，從心開始》作者

忙碌的企業家沒有時間或精力可以心情不好、不舒服，這本書能夠幫助你快速正視並解決擋在你成功路上的問題。

——珍・艾波蓋特，《創業致富201個妙主意》作者

這本書提供了非常實際的洞見和直截了當的練習，幫助你戰勝自我挫敗行爲，走向你值得擁有的健康與快樂。

——凱西・史密斯，美國頂尖健康與健身專家

目錄 Contents

自序——我從讀者身上學到的十大啓示

自從本書出版以來，讀者的回應一直讓我深感欣慰，我也從這些讀者身上學到很多，尤其是我列出的公衆人物自我挫敗行爲「十大」啓示清單所引發的迴響，例子包括美式足球員O．J．辛普森（O. J. Simpson）和美國前總統比爾．柯林頓（Bill Clinton），我在各種出版作品中都有提到這些例子。由於一些有見地的讀者將本書的建議應用在生活中，我開始了解到經由理解自我挫敗行爲的本質，人人都可以從中得到啓示。因此，爲了讓各位在閱讀本書時能有更多體會，我列出了「我從讀者身上學到的十大啓示」。

一、立即採取行動

人生中可能發生的最大悲劇之一就是生命即將結束，卻發現這一切和自己期望的不一樣。更悲劇的是，你發現自己之所以沒有達成願望和夢想，大部分原因在於——你是自己最大的絆腳石。永遠不嫌太晚，克服自我挫敗行爲的最佳時機就是**現在**。如果不立刻行動，就等於是冒著極大的風險，可能會因爲錯失機會、缺乏成就感，以及未能付出或獲得愛而後悔不已。

二、從油鍋跳到流理臺，而不是跳進火堆

在你急於改變自我挫敗行爲的同時，務必要避免自己只是陷入**另一種替代**的自我挫敗行爲，這種新的行爲模式可能會比原本的模式更具傷害力。請記得，貿然行動可能會淪爲拿石頭砸自己的腳，未經深思就急於尋找新的應付機制也許能讓你暫時鬆一口氣，但這麼做只會導致你的生活更複雜、可信度受到損害，最終

怨恨自己的愚蠢行爲。與其等到類似的情形發生再衝動行事，不如事先思考哪一種行動方針可以提供長久的解決之道，而非只是暫時的替代方案。

三、逃避不是解方

有些人在試圖改變人際關係中的自我挫敗模式時，會選擇把自己的感受藏在心理，藉此逃避面對問題，因爲比起再一次陷入爭吵，長時間處於憤怒狀態並且和痛苦共存，似乎是比較好的選擇。然而問題在於，如果你沒有及時處理傷痛和失望，這些情緒就會惡化成爲怨懟、憤怒和仇恨，並且鬱積在心裡，最終轉化成生理上的症狀或情緒地雷（或兩者皆有）。長期而言，及早正視問題，並且用愛心、尊重和同理心有效應對，是明顯比較能遠離自我挫敗的做法。

四、試圖改變他人是最徒勞無功的事

有些人想走捷徑度過難關時，會企圖改變他人，而不是處理自身的自我挫敗行為。「要不是她一直批評我，我也不會發脾氣！」「要不是他實在太懶惰邋遢，我也不會批評他！」如果連改變自己都如此困難，你怎麼會覺得改變他人很容易？比較理想的做法是專注於克服自己的自我挫敗行為，並且讓自己變得更好；至於對待其他人，相較於利用威脅和罪惡感，表現出理解和接納的一面比較有可能讓他們做出改變。

五、唯有先承認錯誤，才有可能修正

直言不諱或唐突失禮、堅定果敢或粗暴無禮、堅持己見或冥頑不靈、纖細敏感或情緒失調、隨機應變或衝動行事，這些特質之間都有很微妙的界線。了解兩者之間的差異，才能看清自身的行為，而這就是正向改變的第一步。

六、信任只要一秒就能摧毀，卻要數年才能重建

你陷入自我挫敗行爲的時間越長，就越有可能失去他人對你的尊重和信任。即使不會有人因爲你的行動而立即受到傷害或冒犯，其他人仍然會擔心後續可能發生的狀況，你也需要花費很長一段時間，才能贏回他們的尊重和信任。因此，請在重獲尊重的路途變得太遙遠，以及曾經的體恤變成憐憫之前，趕緊採取行動。逃避改變的時間越長，朋友避開你的距離就越遠。

七、有方法就有決心

有研究指出，人之所以會繼續保有不滿意的工作和人際關係，是因爲他們找不到感覺正確、合理且可執行的改變**方法**。單單仰賴決心是不夠的，你還需要方法；事實上，有時候決心是隨著方法而來。首先設想你的自我挫敗行爲可以換成

哪些實際的替代行動，接著當你發現自己開始走向自我挫敗的險路，請暫停、反思，然後拋棄毀滅性的行爲，改用更具建設性的方法應對眼前的情況。

八、老狗學得會新把戲

通常，改變的最大阻礙在於缺乏信心，你不知道自己是否眞的能學會並採用新方法來處理舊問題。爲了避免承諾自己會有所成長，我們有時會對每一種新想法雞蛋裡挑骨頭，然後找理由拒絕接受。舉例來說，這就是爲什麼部分人會以電腦有時會當機爲由，繼續使用效率低落的紙本檔案，事實上他們是擔心自己沒有能力操作電腦。

九、自我涉入通常是人際關係中自我挫敗行爲的根源

改善自我挫敗行爲固然重要，但千萬不要太過執著，以至於看不清誰才是你應該重視的對象。越是自我耽溺，就越難考慮、認可或甚至是注意到他人，因此他們會感到受傷、沮喪，並憤怒地深信你其實不在乎他們，而這可不是長久經營友誼或愛情的好方法。唯有透過同理心，你才能開始修補這種裂痕。請隨時自問「對方現在可能會有什麼感受」，來養成爲他人設想的習慣。

十、沒有什麼比屈服於自我挫敗行爲更讓人沮喪，但也沒有什麼比成功克服更讓人振奮

就像吃甜食或偷情一樣，沉浸在自我挫敗行爲時感受到的高漲情緒只是一時，而後續引發的愧疚感、罪惡感和自我輕視，卻是難以忍受且長久難解。不過

只要及早處理自我挫敗行爲，抗拒屈服的誘惑，並且修正爲正向的**自我發展**行爲，你就能體會到這一生從未發現過的自尊和自重。

前言——如何戰勝自我挫敗行為

有時候，最簡單的路就是正確的方向

一九七二年，在醫學院受盡兩年折磨之後，我幾乎就要走上休學這條路。學業對我造成很大的壓力，而且我無法選定專業科別，因為我對每一科都沒有興趣。我真正喜歡的是與病患相處，我對他們的痛苦感同身受，同時也發現自己有讓病患冷靜和安心的天分。然而在高科技醫療時代，花費時間與病人談話並緩解他們的焦慮，似乎不太重要，這不過是心理層面的關懷而已，醫生的工作可是很辛苦、很偉大，必須和死亡搏鬥。我對這樣的兩難情況感到非常擔心，事實上，我甚至因此出現長期的腸胃問題。

當時我的導師也是系主任，他安排我前往多比格市參加梅寧格精神醫學教育與研究基金會（Menninger Foundation for Psychiatric Education and Research）的計畫。我把這視爲機會，可以待在壓力較輕的環境並思考自己想做的事。結果我的收穫比預期還要多，經過幾週在精神科病房與衆多病患談話並聆聽，我第一次有了選擇精神科的想法，這項工作對我來說很自然就能駕輕就熟。

然而，正因爲相同的原因，我感到抗拒。在我心中，工作不該是你很享受而是必須忍受的事，如果工作不困難，就稱不上是工作。

我把這些想法全都告訴系主任，他認爲答案再簡單不過：成爲精神科醫師。

「但這樣就是挑最簡單的路走。」我反駁道。

系主任的回答改變了我的一生：「有時候，最簡單的路就是正確的方向。」

這段經驗影響的不僅是我的職涯選擇，還有我之後的執業方式。我從此能清楚意識到自我挫敗行爲的殺傷力。當時我幾乎就要因爲兩種心態而走向失敗，而我也會在本書的後續章節深入討論這些錯誤心態：太快放棄，以及假設困難的方式才是正確的。這位關心我的師長拯救了我，他充滿智慧的建議不但對我產生立即的影響，更繼續在我遇到各種挫折時成爲指引。「有時候最簡單的路就是正確的方向」這種建議，就是我所謂的「實用啓示」——令人恍然大悟且能鼓勵建設性行動的好記短句。

自從那時開始，我在診所執業已過三、四十年，一直都在試圖辨識病患呈現出什麼樣的自我挫敗行為，並且提供他們所需的同理心和實用啓示來克服自我挫敗。本書的目的是協助像你一樣的讀者獲得相同的啓發，你會因而改變阻礙自己的模式，並且將自己的行為從自我挫敗，逆轉為自我提升。

自我挫敗行為等於為自己設下障礙

在我的個人經驗中，自我挫敗行為是一般人尋求心理治療的主要原因。最令人抓狂或讓人更加痛恨自己的事，就是發現自己之所以得不到人生中渴望的愛、成功和幸福，是因為自己設下了阻礙。這就是自我挫敗行為造成的後果。自我挫敗違反我們的最佳利益，不顧我們最深層的渴望，而且製造的問題比解決的還多。這也是為何每當你發現自己出現這樣的行為，都會想要驚呼：「我不敢相信自己又這麼做了！早知道就不該這樣！我根本是自己最大的敵人！」

你有多常對自己說這樣的話？答案很可能是：「幾乎每次！」你又多常發現自己就是讓自己失敗的元凶，而且幾乎每次都發誓再也不會這麼做？別緊張，你該知道的第一件事，就是你並不孤單。我的患者有辛苦維持生計的一般大衆，也有富可敵國、權勢在握的富豪；有健康的年輕人，也有生命垂危的虛弱病人；有默默無名的百姓，也有名人；有誠實正直的公民，也有素行不良的罪犯。不論是哪一種患者，都因爲自我挫敗行爲而自覺愚蠢，也都一直找不到改變的方法，或者就算知道方法也無法貫徹始終。在某些案例中，外在看來充滿自信和自我肯定的人，卻飽受自我輕視所苦，覺得自己不值得被愛、被尊重。

我有個患者是世界知名的爵士音樂家，在他人生中最後幾個月，癌症末期漸漸將他拖向死亡，讓他備受折磨。顯然，自我挫敗行爲並沒有阻止他邁向成功，畢竟他可是當代最受推崇的樂手，然而本書提到的部分行爲卻讓他無法好好享受自己的成功，也無法把握他人的愛，或在自己最需要時保持平靜。他因爲心懷不滿，將兒子的愛拒於門外；因爲遲遲沒有行動直到爲時已晚，他在去世前仍然沒有辦法和兒子重修舊好；因爲羨慕受過古典音樂訓練的其他音樂家，他無法對自己擁有的名聲感到眞正滿足；因爲抱持著不切實際的期待，他怨嘆在自己的職業生涯中，只有四次是他演奏出的樂音能夠和音樂完美契合（這等於比大多數人多出四次達到完美的時刻）。因爲對以上種種無法釋懷，他無法卸下心中最沉重的情緒包袱。

我對他說的最後一句話是：「放下吧，你已經做得夠好了。」他露出虛弱的微笑，淚水在雙眼中打轉。「謝謝你，醫生。」他說，「我需要的就是這句話。」但我永遠都沒有機會知道這句話是否改變了什麼。

本書的目的就是要協助避免這類悲劇發生。如果你已經準備好做出改變，本書會幫助你找到可遵循的觀念和方向。只要依照後續章節的建議，你就會發現自己不再是自己的阻礙，而是有能力以沉穩、智慧、勇氣，甚至是幽默面對困境。

沒有從人生課題中學到經驗

自我挫敗行爲之所以出現，是因爲人們沒有從人生課題中學到經驗，這代表衝動勝過了意識、立即享樂勝過了長久滿足、輕鬆勝過了決心。自我挫敗行爲一向都源於我們想讓自己好過一點的念頭，也就是一種應對機制。面對危機、威脅或可能演變成令人不快的情況時，人們會試圖保護自己，因此會緊抓住能夠緩解緊繃感，或能讓自己免於傷害的方法。這種行為本身在當下看似是合乎邏輯的權宜之計，也可能眞的能有效暫時讓人鬆一口氣；然而，自我挫敗行為最終還是會回來糾纏我們，於是我們會痛罵自己糊塗、愚蠢或軟弱，但事實上，我們只是在威脅或混亂的情況中失去了客觀判斷的能力。

和許多長期的行爲模式一樣，自我挫敗行爲通常源於**兒時經驗**。兒童遭遇創傷時，如果有獲得關愛的支持和耐心、有效的引導，就比較容易培養出健康的應對機制，長大成人後也比較容易有適應力、自信和餘裕，這類人就算有自我挫敗行爲，也比較輕微且容易克服；相對地，沒有受到關愛且遭到虐待或忽視的兒童，則會覺得不受保護和孤單；還有一些兒童並不缺乏愛和關注，卻沒有獲得適當的指導，儘管他們會覺得自己有人愛，長大後卻容易覺得自己無法勝任或缺乏能力，因此面對困境時會產生不安全感。不論是哪一種情況，這類人會尋求任何自己能企及的方法來緩解無法承受的情緒，他們越是焦慮和孤單，或是感到格格不入和無能，就越會死守任何能讓他們鬆一口氣的想法、態度和行爲；如果他們無法培養出更有效的應對機制，能帶來一時慰藉的做法最終就會惡化成自我挫敗行爲。

當然，有一些幸運的人可能因爲天賦異稟或有其他成人的介入，即使在缺乏父母關愛和引導的情況下，仍然能發展出適當的應對能力。然而以大多數的案例而言，這類人最後都會發展出難以根除的自我挫敗行爲：童年時期遭到虐待的人容易感到憤怒並對世界大肆批評；遭到忽視的人容易感到挫折並會逃避現實；沒有獲得引導的人則容易缺乏自信和自主能力——以上每一種情況都會導致不同形式的自我挫敗。

本書使用方式

「世上所有動人的情感加起來，
都比不上一個簡單的舉動。」

——詹姆斯．羅素．洛威爾（James Russell Lowell）

本書由四十個簡潔扼要的章節組成，都是在討論常見的自我挫敗行爲。如果你瀏覽一下目錄的章節標題，一定會認出幾種自己也有的自我挫敗行爲。也許你會覺得有些主題看起來和自己比較深切相關，但我還是建議你依照順序從頭到尾讀一遍，再回過頭來精讀和你目前的煩惱有關的章節，以仔細研究內容，並且遵循其中的建議。

經過上述的入門階段之後，建議你把這本書當作**可以隨時查找的參考資料**。之所以請你這麼做，有兩大原因：首先，隨著新的狀況出現，你可能會和多數人一樣，開始用新的方式導致自己挫敗，這時不同的章節會突然對你產生新的意義和重要性；第二，你可能會需要時不時複習，因爲自我挫敗行爲總有辦法捲土重來，就算你覺得自己已經很久沒有這麼做了。行爲的正向改變需要一再練習，直到習慣成自然。

每一種自我挫敗行爲都有其特點和解決方式，同時這些行爲也有一些共同的特徵，因此有些特定的對策可以適用於任何一種情況。每當你發現自己遇到過去曾經引發自我挫敗衝動的情況，請採取下列步驟，並且搭配個別章節提供的建議。

暫停自我挫敗五步驟

自我挫敗行爲通常是膝射反應，行動時不會考慮到長期的後果，也不會考量合理的替代方案，而暫停五步驟的目標是經由提升自我意識，來避免以上情形發生。這個方法有助於讓思緒重回正軌，讓你能夠深思而不是只會反射性動作，也能夠根據大腦的想法採取行動而不只是衝動行事，並且有意識選擇最佳做法。

- **步驟一：提升生理察覺能力**。衝動始於生理感受，所以請停下來觀察自己感受到什麼，感受又是從何而來。是肚子嗎？頭部？頸部？還是胸口？
- **步驟二：提升情緒察覺能力**。試著連結生理感受和特定情緒，爲什麼你會感覺到緊繃？你在對什麼生氣？你害怕的是什麼？
- **步驟三：提升衝動察覺能力**。你剛才觀察到的感覺會讓你想要採取行動嗎？會讓你想採取什麼樣的行動？
- **步驟四：提升後果察覺能力**。自問如果你採取行動，可能的短期和長期後果是什麼。開始意識到行動會造成的負面結果，有助於你踩下煞車。

- **步驟五：提升解決方案察覺能力**。自問有哪些替代方案、哪些方案比較有可能帶來最佳結果。想像一下，如果自己以更有建設性的方式行動，會產生哪些正面效果？這能讓你更有動機開始改變。

專注於獲得，而非失去

不論自我挫敗行為多麼具毀滅性，事出必有因；而不論你有多想停止這類行爲就某些層面而言，你可能更害怕擺脫舊習並培養全新未嘗試過的模式。你可能會擔心，萬一新的行爲沒有用，反而讓情況更糟呢？正因如此，打破慣性的關鍵就在於改變觀點：**把焦點從自己所放棄的，轉移到所獲得的**。否則，就算你信誓旦旦要做出改變，還是有可能一遇到阻礙就輕易走回自我挫敗的老路。

尋求協助

由於自我挫敗行爲源於小時候孤獨和毫無防衛能力的經驗，因此，如果你能從他人身上獲得幫助，就比較容易在成年時期克服這些問題。

幫助者扮演的角色其實不太重要，不論是直接協助你、提供道義上的支援，或者督促你負責完成發誓要做出的改變。眞正重要的是，你會因此知道自己並不是一個人，而這一點會強化你的信心和決心。

善用挫折

自我挫敗行爲通常會一再重演，當同樣或類似的情況再次出現，你可能會採取反射性動作，重複以前做過的行爲。如果你遇到挫折，與其因爲犯錯而把自己批評得體無完膚，不如**把自我輕視轉化成自我決心**。自問如果可以重來一次，你會採取什麼做法，並且爲下一次遇到這種情況的時刻擬出行動計畫。

自我獎勵

每重複一次自我挫敗行爲，你的自尊就會遭受一次重擊，你會認爲自己軟弱又毫無紀律，無法徹底落實腦中更高層次的信念；相對地，每一次成功克服自我挫敗的衝動，你的自我尊重就會多一些。請善用這種**爲自己感到驕傲**的情緒。獎勵自己的好表現能夠鞏固新的行爲模式，也有助於你將改變轉化成永久的習慣。

參考每一章的「實用啓示」

「學習就是這麼一回事，
你突然理解了自己一直以來都懂的道理，
不過是以全新的方式。」
——多麗絲．萊辛（Doris Lessing）

一般的啓示能夠提供慰藉並有助於理解，但未必能促使行動發生，而實用啓示則能產生更實際也更長遠的影響。我的患者體會到本書提供的啓示能啓發有建設性的改變，而且在初次聽到之後許久，仍然能在腦中留下深刻印象，有個患者就把實用啓示形容爲「能持續提供指引的禮物」。建議你將書中和自己想要改善的行爲有關的啓示寫下來，並且貼在浴室鏡子或冰箱門上，這樣的提醒可以鞏固你的新行動方案。

「你的成就造就了習慣，
你的習慣造就了性格，
你的性格造就了命運。」
——安德烈・莫洛亞（André Maurois）

改變的承諾

本書提供的啓發、知識和技巧可以幫助你不再阻礙自己，但如果你沒有下定決心改變，本書的內容毫無用武之地。既然你已經讀到這裡，就表示你已具備必要的勇氣，畢竟要承認你扯了自己後腿並不容易，而更難的是承擔起這份責任。你應該已經了解到，把自己的問題怪罪於他人或自己無法控制的情況，其實無助於改善事態；你應該也明白，單靠自己的力量就足以改變人生。如果你想要克服自我挫敗，這樣的責任感就是關鍵。

請務必**堅守改善自己人生的承諾**，在你閱讀本書的過程中，一定要**誠實面對**

自己。就像「十二步驟治療計畫」（Twelve-Step programs，譯注：由美國匿名戒酒互助會提出的戒斷計畫，透過行爲介入幫助患者戒酒，現已應用於各種成癮症狀）所提到的：「自我探索，並且勇於釐清自己的心理狀態。」你的坦承以對，加上每一章提供的資訊和建議，能幫助你培養出自信和智慧來遠離自我挫敗行爲，邁向更理想的未來。你不會再是自己最大的敵人，而會是最好的摯友。

01 向父母尋求愛與認可

「起初，孩子深愛著父母；
長大之後，孩子開始批判父母；
有時，孩子則會原諒父母。」
——奧斯卡．王爾德（Oscar Wilde）

我的一個病人告訴她的母親，自己正在接受心理治療。「很好啊，」母親不以為然地表示，「他一定會說服你，其實你很恨我。」

「媽，不是這樣的。」這個病人回答，「我知道醫生在說什麼，他想要說服我，其實我很愛你。」

這段故事可說是精準描繪出成人後的孩子和父母之間的複雜情感。我在療程中遇過的每個患者不是和母親、就是和父親有摩擦，而這也無可避免地影響到患者與伴侶、孩子、同事及朋友之間的關係。有些人會忿忿不平，認爲自己沒有獲得父母的認可或愛；有些人則感到挫折，因爲父母不理解自己而且連試都不願意試；有些人痛恨父母對自己的控制；有些人痛恨父母的事不關己。但這些人無一不感到愧疚，因爲自己沒有好好感謝做出偉大犧牲來撫養自己長大的人，而隨著時間過去，他們變得越加焦慮。這也難怪這麼多試圖滿足自身需求的人，最後都掉入自我挫敗的陷阱裡。

你未從父母身上得到的，正是他們也缺乏的

由於你的父母也受到自身成長環境的影響，他們通常無法在情緒層面滿足你的需求。如果你一直追尋他們無法給予的東西，又把自己的價值建立在這種追求之上，你永遠無法感受到自我價值。如此徒勞的努力只會讓你的心中充滿憎惡和怨恨，也讓你的父母感到沮喪。事實上，除非你是那種罕見能清楚表達自身需求的兒女，否則你的父母大概完全不明白你想從他們身上獲得什麼。他們只知道你不開心，而這一點讓他們既困惑又難過。

在多數案例中，你沒有從父母身上獲得的，通常正是他們自己也缺乏的東西。由於人很難給予自己從未擁有過的事物，他們最終只能效法自己的成長過程，或是以其他形式延續這種匱乏狀態。

打破這種家庭循環的關鍵在於：**成爲你父母的父母；簡而言之，就是扮演你祖父母的角色，並且給予你的父母他們從未得到過的東西**。經由滿足他們隱藏的渴望，你或許也正好釋放了他們滿足你需求的能力。

「為人父母的喜悅無法言傳，
為人父母的悲傷和恐懼也是如此。」
——法蘭西斯・培根（Francis Bacon）

我的客戶卡洛琳現年五十歲，她有個愛管閒事的媽媽，老是否定女兒的決定。「她一直把我當小孩。」卡洛琳抱怨，「我想要和她斷絕關係，但就是做不到。」卡洛琳和所有人一樣，想要從父母身上得到無條件的愛和包容，但是她迫切的渴望卻造成一個自我挫敗後果——讓她遠離母親。我提醒卡洛琳，她母親是在經濟大蕭條時期長大的，父母被迫長時間工作，而就像其他遭到忽視的孩子一樣，卡洛琳的母親在成長過程中一直覺得不受重視。因此，當她自己成爲母親，就開始矯枉過正，變得過度干涉女兒的生活，以至於試圖控制一切。「你們母女倆最悲哀的一點就是，」我對卡洛琳說，「你們都沒有眞正的母親。」

卡洛琳了解到，自己和母親都有痛苦的童年——母親遭到忽視，她自己則是受到過度控制——這讓她開始可以放下一些苦澀的情緒。意識到母親的控制傾向是源於用錯誤的方法想和女兒保持親近之後，卡洛琳變得比較心胸開闊；而她越是減少避開母親，母親逼迫的力道越是降低。不久之後，母親不再嚴厲批評她，母女倆也不再對彼此大吼，而是開始對話，最後甚至開始溝通。結果，她們相處的最後三年比過去五十年溫馨許多。

成爲父母的父母

這個啓示尤其適用於渴望聽到父親說出那句魔力話語的男性：「兒子，我以你爲榮。」男性在童年時期如果沒有得到父親的讚賞，通常會感覺到強烈的匱乏；而曾得到父親讚賞的男性，則會懷念再也無法重回的那段美好童年時光。這也是爲何如果你想要看到成年男性哭泣，和他聊起父親就對了。

有個令我難忘的病人叫作約翰，他是搖滾巨星，而驅使他成功的動力，大部分來自想要獲得爸爸的認可。然而，沒有任何事物能讓他的父親直接說出自己爲他感到驕傲，不論是金唱片認證、財富或名聲。於是，我建議約翰試著扮演祖父母的角色，但他拉不下臉依照這項建議採取行動。後來他的父親中風，約翰接到電話，得知自己必須去照顧父親。看護曾經那麼強壯的男人幾天之後，兒子心軟了，在父親七十六歲生日那天，約翰一面幫父親換裝，一面說道：「又多了一歲，多了一年智慧。」

「只是又老了一歲而已。」他的父親嘆了口氣。

約翰非常震驚，因爲他父親這一生從未說出任何一個自我貶低的詞彙。當他看著父親吃力地綁鞋帶，想起眼前這個老人是由兄姊帶大的，比自己更缺乏父母的關愛。父親綁完鞋帶後，約翰說：「綁得眞好，爸，我以你爲榮。」

父親的雙眼滿是淚水，輕聲說出對約翰而言比一屋子葛萊美獎座更有意義的話：「我也以你爲榮。你是很棒的兒子。」

「起初我們是父母的孩子，接著是孩子的父母，
再來又成為父母的父母，最後則成為孩子的孩子。」
——醫學博士米爾頓・格林布拉特（Milton Greenblatt, M.D.）

扮演祖父母的角色需要勇氣，你必須願意付出自己可能也渴求的東西，而且無法確定是否會有回報。然而，除此之外你也許就沒有更好的機會能獲得你一直追求的愛、自豪和接納，而且這麼做至少能避免如某個患者精準描述的悲痛：「眞正一步步摧毀我的，不是我沒有從母親身上得到的愛，而是我因爲太過憤怒而從來沒有付出的愛。」

“

實用啓示——

如果你在追求從未在父母身上得到的東西，
就扮演好祖父母的角色。

”

自我改善練習

- 思考自己未曾從父親或母親身上得到的東西，而且你覺得自己現在仍然需要。（最常見的答案包括引以為傲、愛、安慰和接納）
- 就你對家族的認識，判斷父母是否有可能從其父母身上得到這樣東西。
- 請想像一個你可以真誠地付出這樣東西給父母的具體情境，並且在腦中觀想自己這麼做的畫面。
- 找機會提供你需要的東西給父親或母親。如果你們雙方都深受感動，甚至到想要掉淚的程度，不必感到驚訝。掉淚並不表示出錯了，而是代表過去的錯誤終於改正了。

02

與錯的人來往

「對所有人有禮，與少數人親近，
再反覆考驗這些少數人，才能把你的信任交給他們。」
——喬治・華盛頓（George Washington）

「我乾脆去當修女好了！」茱蒂一邊大喊，一邊重重地坐到椅子上，「我剛剛又和一個男人分手了。一開始感覺很不錯，結果他根本是個混蛋控制狂，和我之前交往的那個軟爛男完全不一樣，他連要去哪間餐廳都沒辦法決定。爲什麼我老是遇到最後會讓我害怕或瞧不起的男人？難道沒有辦法及早發現他們的眞面目嗎？」

茱蒂並不是唯一希望擁有某種混蛋偵測器的人，而且有這種願望的可不只有女性，也有男性抱怨自己喜歡的女性實際上惡毒又控制欲過強，不然就是太過依賴黏人。此外，不論男性或女性都會抱怨朋友、家人和同事長期對自己人身攻擊，或者稍微遭到冒犯就情緒崩潰。

不是你缺乏的，就是需要你的

就像消費者想要在不咬一口的情況下分辨出爛蘋果，我們也希望自己能預先認出壞人，因爲和壞掉的蘋果不一樣的是，這些人會**傷害**我們。如果你一再和錯的人來往，這些人八成都屬於以下兩種類型之一：第一種會呈現出擁有權勢、魅力和力量的形象，如果你**自覺缺乏力量**，可能就會被這類人吸引，希望透過潛移默化或交流來獲得一些力量。然而諷刺的是，這類人就像吸血鬼，他們維持自身力量的方式就是從他人身上吸取。這些人會予取予求，但你一開始可能無法察覺，因爲他們深知讓你覺得自己很特別的方法，也因爲他們還沒開始傷害你，但他們很快就會露出眞面目。

第二種會吸引你的類型是**需要你**的人，你會對這類人產生認同感，並且用自己想要被對待的方式照顧他們，你認爲這是做好事、發揮自己的影響力，或甚至是成為英雄的機會。這類人看似毫無威脅，也沒有能力傷害你，然而他們也沒有能力付出太多。你覺得只要自己為這類人提供足夠的支持，他們最終就會有能力回饋，但更常見的狀況是，他們只會將你消耗殆盡。長遠來看，你會覺得被利用到一點不剩，然後變成你最不希望自己成為的樣子：對他們冷酷、漠不關心，甚至可能出現虐待傾向。

看穿他們的性格核心

不論是遇到哪一種類型，你再怎麼好的意圖最終都會導致自己的挫敗。而避免這種結果的方法之一，就是辨識出對方性格的核心，這麼做能讓你更有效地釐清狀況，而不只是希望自己從未遇到對方。你要提防的那些人，不是內心充滿憤恨，就是充滿傷痛。

那些**內心充滿憤恨的人是抱著戰鬥的心態面對這個世界**，通常他們呈現出的第一印象都很迷人，實則好勝、反叛，而且多半很好辯。他們會讓每一次的意見不合惡化成雙方對抗，並且迅速試圖占上風。當你和這類人相處，最後總是會覺得自己錯了或不如人。

「真誠的朋友會自在地敞開心胸、正直地給予建議、
樂意提供協助、大膽地冒險、
耐心地面對一切、無畏地捍衛好友，
並始終如一地經營友情。」
——威廉・佩恩（William Penn）

通常都是受虐的童年使得這類人內心充滿憤恨，彷彿小時候受的傷實在太過嚴重，以至於他們發誓永遠都要像大人一樣占盡優勢。也許你會希望自己的律師有這種戰鬥意識，但絕對不會想要有這種朋友、愛人或同事，畢竟你可能會變得太怕受傷害，而犧牲自己的需求來配合他們。

若你對內心充滿憤恨的人訴說自己的目標和渴望，對方一定會試圖澆熄你的熱情，甚至可能希望你失敗。當你觀察這類人如何對待身邊不如自己那麼幸運的人，他們很有可能會顯得漠不關心，甚至也許會表現出輕視或居高臨下的樣子。

內心充滿傷痛的人比起傷害他人，其實更容易令人感到沮喪。和這類人相處就像走在鋼索上，除非極爲注意不傷害到這類人的情感，否則你最後總是會產生罪惡感。這類人覺得每一件事都是針對自己，但他們並不會宣洩情緒，而是會崩潰並逃避，讓你忍不住可憐他們。

通常都是因爲在情緒層面遭到忽視，而使得這類人內心充滿傷痛，他們在成長過程中覺得自己不被愛、不特別、沒有受到保護也沒有價值。這類人不會暗自希望你失敗，但也不會**眞心支持**你，因爲他們的內心實在太過匱乏，以至於根本無法付出。面對比較不幸的人，他們會覺得伸出援手是過度消耗的沉重負擔，接著又會因爲自己無法拯救他人而覺得自己不夠格。

「高尚的人會吸引高尚的人，
也深知如何留住對方。」
——歌德（**Goethe**）

幸好，世界上還有第三種類型：**內心健**全的人。這類人心胸開闊、充滿自信、具備強烈的信念和良好的幽默感，這才是我們生活中需要的同伴。內心健全的人在童年有獲得安全感和愛，因此通常都很忠誠、誠實且眞摯，當他們受到傷害或沮喪，很快就能恢復，不會心懷怨恨或企圖算舊帳。由於這類人並不會因爲他人的成功而覺得受到威脅，所以會熱切對你表達支持。面對比較不幸的人，他們能發揮眞誠的同理心，通常也會試圖伸出援手——我們在需要時，該求助的對象正是這類人。

可惜的是，你遇見的大多數人不是內心充滿憤恨就是充滿傷痛，當然，和他們來往未必會導致自我挫敗，除非你像被吸進黑洞的光線一樣陷入他們的心理狀態。假如你能有效應對，也許可以和這些人建立令人滿足的關係——只要記得，改變的責任在**對方**身上，而不是你。

“

實用啓示——

避開內心充滿憤恨的人，
理解內心充滿傷痛的人，
尋找內心健全的人。

”

自我改善練習

如何應對內心充滿憤恨的人

- 如果無法避開這類人，請接受自己無法改變對方的事實。
- 避免太過親近或信任這類人。
- 避免被哄騙去跟這類人競爭，因為就算你贏了，對方也不會讓你享受勝利的果實。

- 爭取自己的最佳利益時，不要因為這類人而卻步或分心。
- 避免和這類人爭論或辯論，只要擬出公平且合理的行動計畫，並且徹底落實即可。

如何應對內心充滿傷痛的人

- 理解這類人即使表現出受傷的樣子，也不代表是你讓對方受到傷害。
- 避免受困於這類人的情緒之中，或是想負責讓對方開心起來。
- 請記得，讓這類人快樂的關鍵不在你手中。
- 嘗試用冷靜客觀的方式面對這類人。
- 事先向這類人講清楚你期望對方有什麼樣的行為和態度，而對方可以對你抱有什麼樣的合理期待。

03 拖延症

「晚點開始總比永遠不開始好。」

——英文諺語

「拖延是一門趕上昨日的藝術。」

——唐納德・羅伯特・佩里・馬奎斯（Donald Robert Perry Marquis）

「孤獨……從古到今都是每個人核心且無可避免的體驗。」

——湯瑪斯・沃爾夫（Thomas Wolfe）

在一場研討會中，我對臺下五百名男女聽衆說，如果拖延是他們的前三大自我挫敗行爲之一，請舉手。結果，有將近九成的聽衆舉起手。

幾乎所有人都會把今日可以完成的事延後到隔天才做，就連研究自我挫敗行爲的專家也不例外。多年來，每次有媒體引用我的說法，就會有人對我說：「你應該要出書。」當然，這是一種奉承的說法，我卻因此感覺糟透了。我**知道**自己應該寫書，我也**想要**寫書，甚至已經開始寫了，但總是會有理由讓這項工作一再延宕。我總是自嘲：「如果你連自己的惰性都戰勝不了，要怎麼幫助其他人改變？」

拖延的眞正原因，是孤獨

接著，我意識到眞正讓自己止步不前的原因是什麼：**孤獨**。一想到未來要長時間且密集地單獨工作，我就覺得無法忍受。發現問題之後，我知道自己該採取什麼行動：找個夥伴合作。從此時開始，寫書的過程無比順暢，且令人享受。

當然，拖延的原因百百種，例如自我懷疑、無聊、害怕失敗、覺得自己尚未準備好或準備不足等等，但這些感受本身未必會導致拖延，通常眞正的決定性因素是單獨面對這一切，沒有其他人協助、支持或鼓勵你。也許你會責怪自己懶惰、懦弱或缺乏自信，但是你真正遇到的障礙可能是孤獨，尤其如果你拖延的大部分是需要單獨完成的事務。

這個問題的根源通常出現在人生早期。舉例來說，當幼童在學走路、嘗試踏出第一步時，會搖擺於成功的興奮和未知的恐懼之間。孩子感到興奮時，不需要任何人的協助，然而一旦開始感到恐懼，孩子就會回頭看向母親或父親來重獲安全感，並提升信心。聽到「沒關係，別害怕，你可以的！」有助於孩子往前走，但如果孩子回頭卻沒有獲得應有的支持，就會跌倒，並且回到爬行狀態。只要必須獨自嘗試走路，孩子就永遠沒辦法學會；而每當他必須面對一項困難的任務，類似的過程就會再次上演，如果身旁沒有大人提供安慰和支持，孩子就會把挑戰和孤軍奮戰的痛苦連結在一起。

獲得鼓勵、引導和安慰的孩子長大之後，會具備對應的成人特質——自信、常識和適應力——能夠在自我懷疑的時刻派上用場。另一方面，如果單獨追尋目標觸發了脆弱和恐懼的情緒記憶，孩子長大後就會出現拖延傾向。

找到夥伴來支援或督促自己

要克服源於孤獨的拖延行爲，關鍵在於**匯集他人的支援**。有拖延傾向的人如果有同伴，可能就會成爲自動自發的人，這就是爲什麼有人需要陪跑員、讀書會和合作夥伴。同時，這也是爲何成功的自助團體如匿名戒酒互助會，會仰賴「贊助者」來幫助遇到困難的成員度過難關。

如果無法找到能完全參與的夥伴，可以試著找出能支持你的努力的對象——我就是用這個方法協助一名拖延博士論文長達三年的女性。每天早上九點我會打電話問她這類問題：「你坐在書桌前了嗎？接下來你要做什麼？這件事完成之後又要做什麼呢？」另外，我也請她每完成一小時的進度就留言給我。也許用這種方式對待負責任的大人看似很多餘，但這麼做確實有效。就像大多數人一樣，只要不必獨自忍受這一切，她並不介意受到一點脅迫。

如果你無法找到眞正的合作夥伴或督促者，不妨試著描繪出慈愛的父母、祖父母、朋友或老師的形象，也就是**某個你不想讓他失望的人**，而且你可以想像到當你終於做到自己一直在逃避的事，對方會對你說：「太棒了，你做得很好！」

即使只是想像，他人的支持也許就是讓你能完成拖延事項的關鍵。

“

實用啟示——

拖延的原因不是懶惰，而是孤獨。

”

自我改善練習

- 停止花更多時間貶低拖延的自己。
- 停止用「下一次會不一樣」的說法陷害自己。
- 規畫與合作夥伴一起工作。
- 請求可以提供支持的朋友協助，並且在你難以展開作業時連絡對方。
- 當朋友試圖完成某個目標，你可以提供相同的協助作為報答。

04 期望他人理解你的感受

「沒有任何人能徹底理解另一個人，
也沒有任何人能安排另一個人的幸福。」
——格雷安・葛林（Graham Greene）

四十二歲的歷史學家珍妮特．雷克向任職的大學提出學術休假來撰寫教科書，而爲了平衡獨自工作的狀態，她經常舉辦聚會，而且只要有邀約就接受。珍妮特抱怨，她必須苦苦哀求丈夫羅伯特參加聚會，而羅伯特則認爲珍妮特給予的壓力是在侵犯隱私，並且對她「過度的社交需求」感到不以爲然。珍妮特還埋怨丈夫就算參與聚會，也會表現得失禮又不友善，羅伯特則反過來批評她「要求過多」。

雷克夫婦來找我諮詢時，上述問題已幾乎要摧毀他們七年的婚姻。顯然，雙方的感受都是眞眞切切的，也覺得對方應該要理解自己；但同樣顯而易見的是，沒有一方能夠理解對方。雙方之間的鴻溝實在太巨大，彷彿兩人是來自完全不同的星球，而且更糟的是，他們都深信對方**有能力**理解自己，只是不願意而已。

「你不懂！」是人與人之間最常出現的指控。遭到誤解會令人氣急敗壞，所以我們會一而再、再而三地爲自己解釋，接著挫敗感會惡化成憤怒，因爲比起不被理解，更令人難過的是對方根本沒有**試著**去了解自己。我們能輕易察覺自身感受，其他人也一定可以，對方只是太固執不願承認，對方就是不在乎！所以，我們會試圖強迫他人理解，導致對方開始覺得被逼入絕境，結果現在雙方都很憤怒。如果對方以前沒有心情去理解你，現在更是沒有。

「人類的理解就像虛假的鏡子，以不規則的方式接收光線，並且透過將自身本質混入，扭曲和改變事物的本質。」

——法蘭西斯．培根

與其試圖理解，不如激發同理心

我們必須了解，每個人都是透過自己的價值觀和感知來看待現實世界，因此誤解在所難免，有時候就是無法理解另一個人的想法或情緒。話雖如此，我們還是有可能做到感同身受。

每個人內心深處都有相同的基本需求——對愛、感情、自尊、安全感、自我表達等等的需求。當這些需求無法被滿足，我們會感受到憤怒、恐懼、悲傷、痛苦和其他共通情緒，而只要把重點放在這類經常體驗到的感受，你就能達到比理解更深層且更有意義的狀態：**同理**。同理心是相當珍貴的能力，因同理總是能化解敵意。**以心理層面而言，若你能體會某人的感受，就不可能同時對對方生氣**。

激發同理心的有效方法之一，就是運用**類比**，將一個人的感受轉譯成另一個人可以理解的說法。爲了協助雷克夫婦展開這樣的過程，我向羅伯特提出一個假想情境，和他在工程公司擔任設計團隊的主管職有關：「如果你正在進行一個大型專案，卻有團隊成員在客戶面前擺臭臉又顯得很隨便，你會有什麼感覺？」

羅伯特坦承自己會感到非常不滿，也許還會覺得遭到羞辱，因爲同事的行爲可能會讓自己的名聲受損。藉由一點點提醒，羅伯特開始可以理解這樣的情境很類似妻子的經歷——珍妮特引以爲傲的就是自己能讓大家聚在一起並熱烈聊天，而在她眼中，羅伯特失禮的行爲會損及她的形象，更威脅到她生活中很重要的層面。友誼之於珍妮特的重要性，如同商業合作關係之於羅伯特，而羅伯特抗拒社交的行爲給珍妮特的感受，完全和他說自己會在假想情境中產生的感受一模一樣。想通這一點之後，羅伯特的姿態明顯軟化下來。「我很抱歉。」他這麼說。

雷克夫婦互相同理的過程只進行到一半，現在珍妮特必須體會丈夫的感受。

用類比法感受彼此的處境

我意識到，羅伯特之所以抗拒社交，是因爲比起和人群（尤其是陌生人）相處，他更能自在面對物品和數字。透過貶低社交活動，以及表現出珍妮特沒有權力要求他參與，羅伯特得以掩飾自覺的能力不足，並且合理化自己不夠努力的事實。

爲了協助珍妮特發揮同理心，我提起對她來說同等敏感的話題，也就是育兒能力：「假設每次你帶小孩到托兒所，孩子都會在其他人面前做出討厭的行爲；假設你不管怎麼做，他們還是會調皮搗蛋。」珍妮特說自己會感到丟臉，也會覺得自己實在太失職，所以可能會避免和小孩一起出現在公共場合，讓自己不必陷入尷尬的狀況——就像羅伯特需要避開與人相處，因爲他覺得自己缺乏社交能力。

接下來，爲了協助珍妮特體會丈夫因爲受到批評而感覺到的不快，我問道，如果她母親老是緊盯著她的育兒方式，又不停評論她的缺點，她會有什麼感受？「我會緊張到心煩意亂，打從心底痛恨這件事。」珍妮特坦言，而這正是羅伯特參加聚會時的心境。

說類比挽救了雷克夫婦的關係可能有點誇大，不過這個方法確實改變了兩人之間的氣氛，從彼此反感變成互相同理。現在，兩人可以平靜地找到共識，並且像大人一樣討論彼此的不同了。

「理解的終點不在於證明和找到理由，
而是明白並且相信。」
——湯瑪斯・卡萊爾（Thomas Carlyle）

雖然上述流程可以應用於任何有誤解產生的情境，但是在男女關係中尤其有效。在這類情境中，我發現某些類比方式可以達到最佳效果：對男性來說，是職場狀況和自主權需求；對女性而言，則是人際關係問題和親密感需求。一般來說，不論職業、地位或外顯價值觀爲何，男性和女性通常會分別從上述領域中尋求自我認同和尊重。男性失業之後會覺得自己毫無價值，很類似女性在一段感情結束後產生的情緒；男性陷入工作困境的挫折感，可以對應到女性成天忙於小孩和家務的感受；男性對遭到羞辱的恐懼，則類似女性對遭到拋棄的恐懼。

感受的力量大過於意義。如果你願意努力體會他人的感受，並且幫助對方體會你的，就能運用類比的方式來激發同理心。

“

實用啟示——

當對方就是無法理解時，請讓對方體會你的感受。

”

自我改善練習

- 如果不被理解讓你感到挫折，與其採取敵對態度，不如暫停一下，並用另一種方式表達自己。
- 與其說教、批評或滿口理論，不如運用類比法，協助對方體會你的感受。
- 首先，辨識自己的情緒，釐清自己究竟感覺到什麼，以及為什麼。
- 接著，想出適當情境，讓對方體會你的感受。如果類比符合對方的個性和處境，就能發揮最佳效果。

• 詢問對方如果身在這種情境中，會有什麼感受。請不要用指控的語氣，說話語調要保持平穩、安撫。

• 對方確認相應的感受之後，詢問他或她是否發現你的體驗有相似之處。你可能需要提示一下，例如：「你在我朋友面前批評我的時候，我的感受就和你……的時候一樣。」

• 調換角色，想像出適當的情境，讓自己可以體會對方的感受。

• 讓對方知道你可以理解他或她的感受。你應該會看到對方的敵意在你眼前漸漸瓦解，雙方因此能以更開闊的心胸去溝通。

05 不停等待，直到錯過時機

「朝聞道，夕死可矣。」
——孔子

一九九一年，我和同事親眼見識到我稱之爲「麥可．藍登馬里布傳染病」（Michael Landon Malibu Epidemic）的現象。當麥可．藍登這位健壯又充滿男子漢氣息的演員罹患末期癌症，「如果連他都遇到這種事了，我也可能遇到」的想法像病毒一樣蔓延開來。一夕之間，醫師和心理治療師皆淹沒在電話鈴聲之中。

人生最後一刻，不要留給後悔

不幸的是，通常都要等到悲劇發生，我們才會誠實檢視自己的人生。悲劇會引發重新審視和後悔的想法，但有時候，要改變已經太晚了。最常見的例子莫過於把大部分精力都投入職業生涯的工作狂，在某人去世——通常是父親、心靈導師或當時的代表性人物——或是自己因爲壓力相關疾病而崩潰之後，才發現自己得再花另一輩子才能把一直想看的書看完、自己沒有參與孩子的成長、自己和伴侶已經多年沒有一起度過親密的時光。現在，這個工作狂終於明白了一再聽到的說法：「沒有任何一個瀕死的人會希望自己當初花更多時間在辦公室。」

我看過不分男女的成年人因爲父母去世了，他們卻來不及和解、原諒或徹底表達愛意和感謝，而哭得像小孩一樣。有個和母親斷絕來往的女性，在她的大半人生中，母親總是用輕視和批評的態度對待她，所以爲了自己的精神狀態著想，她對母親避不見面長達十五年。當她從親戚口中得知母親去世，她驚訝地發現有一股暖流從體內湧出。打從出生以來第一次，她的想法不再被憤怒主宰，反而覺得飽受悔恨所苦。「把母親趕出我的生活要付出很高的代價。」她說，「我因此遠離傷害，但也遠離了任何創造正面連結的機會。」

「我認為自己從未因衝動青春時期的任何一點『過度』感到後悔；而在心平氣和的年紀，我唯一感到後悔的是，自己沒有把握住某些契機和可能性。」

——亨利・詹姆斯（Henry James）

不要等到來不及，現在就去做

我人生中最苦澀的時刻出現在就讀醫學院期間，當時我在一家療養院兼職，一樓住著病情最嚴重的患者，其中一名男性整天都駝著背坐在輪椅上，悶悶不樂地自言自語。我看了他的資料才驚訝發現，原來他曾經是知名的州最高法院大法官。我問護理長爲什麼這名病人都沒有訪客，她說因爲他把出現在自己人生中的所有人都拒於千里之外。

住在二樓的則是布朗斯坦先生，他總是一副活力充沛又享盡人生之樂的樣子，讓我不禁好奇他怎麼會需要住在療養院。他說自己的妻子就住在一樓，他們夫妻倆移民到美國之後，就一直結伴從事裁縫工作，一起撐過經濟大蕭條和第二次世界大戰，並養大三個讓他們引以為傲的孩子。後來妻子中風，再也無法開口說話或控制排尿或排泄，甚至連丈夫也認不出來。即使如此，每天早上布朗斯坦先生還是為她清潔床鋪、洗澡和編髮。「大家都問我為什麼甘願這樣做，」他對我說，「我的回答是，『還有什麼比這更重要？她是我一生的伴侶，她也會願意為了我這麼做。』」

想當然，布朗斯坦先生去世時應該是毫無後悔，但我想大法官就沒那麼幸運了。他的成就斐然，但如果問他是否會想回到過去，做出不同的選擇，他也許會說出傳說中泰．柯布（Ty Cobb。譯注：美國大聯盟職棒球員，是首屆棒球名人堂得票率最高者）的回答：「早知道我就多交一點朋友了。」

你已經知道自己重視什麼，卻可能刻意忽略這一點，以免對現狀造成負面影響。然而，如果等到死亡或危及生命的疾病才讓你醒悟，也許就太遲了。

實用啓示——

“別等到重要的人去世，
才發現自己重視什麼。”

自我改善練習

- 請想像自己已經八十歲，並開始回顧自己的人生。
- 自問需要什麼才能讓自己活出有意義的人生。
- 如果你繼續以現在的方式生活，到你八十歲時可以肯定地說，每件重要的事情都已解決並完成了？
- 從今天起你可以做出什麼改變，讓你往理想的八十歲更接近呢？
- 開始行動。

06 過於憤怒，導致事態惡化

「憤怒是短暫的瘋狂。」

——賀拉斯（Horace）

「沒有人能在緊握拳頭時清楚思考。」

——喬治・簡・納森（George Jean Nathan）

瑪莉安是一個電視節目團隊中唯一的女性編劇，她的性別從來沒有造成問題過，也一向都受到公平對待。後來瑪莉安請了產假，回到工作崗位後，卻發現自己的提案不再受到重視，被指派的工作也都低於自己的專業程度和經驗，彷彿她在請假期間遭到降職。

讓問題更加惡化的是，瑪莉安堅持親餵母乳，而每次她暫時放下工作將母乳擠進容器時，有個同事都會大喊：「哞！」其他人則是大開和胸部有關的玩笑。瑪莉安怒不可遏，但她明白如果自己對同事發脾氣，反而會強化刻板印象：受到荷爾蒙影響的女性無法融入團隊或開不起玩笑。此外，大發雷霆也會拖累她自身的目標，亦即重獲長年累積下來的敬重。

「憤怒和愚昧總是肩並肩走在一起。」
——班傑明．富蘭克林（Benjamin Franklin）

將憤怒轉為信念，並冷靜應對

當然，瑪莉安的想法沒錯。釋放怒氣可以讓你的心情暫時得到緩解，但風險往往是你會做出之後一定會後悔的行為，而且會在談判過程中失去道德制高點。相反的做法則是抑制怒氣，但這麼做同樣很危險，因為憤怒會在內心滋長，也許還會引發憂鬱或身心疾病。而就如我對瑪莉安說的，我們還有第三種選擇：**把憤**

怒轉化爲堅定的信念，並且依照信念的基本原則採取行動。如此一來，你就能具備採取有效行動所需的清晰思維、勇氣和力量。

我建議瑪莉安思考一下她的同事違反了哪些原則，並且找到方式捍衛這些原則。於是在下一次機會來臨時，瑪莉安向整個團隊表示：「我想大家都同意我們應該保持專業和平等對待彼此，所以，如果你們覺得我爲小孩提供食物是很不專業又讓人分心的行爲，我會立刻停止這麼做……但是有個條件：你們也要停止接私人電話、討論約會，還有開會開到一半就聊起足球。一件事交換一件事，這不是在開玩笑喔。」

「我理解你言語中的憤怒，
但無法理解你的言語。」
——莎士比亞（Shakespeare）

透過根據信念行動並增添一點幽默，瑪莉安成功阻止了同事的冒犯行爲，也保住了自己的尊嚴。接下來，她可以正直而有力地開始處理其他問題，例如職責遭到縮減。如果當初她表現出受傷或防衛的態度，她的不平就會受到質疑，甚至可能在職場上失去更多尊重。

只要**超脫個人感受，並且高舉能引起共鳴的價值**，你就能獲得遠比報復的快感更強大的感受：來自信念的勇氣和力量。

> **實用啟示——**
> 憤怒令人瘋狂，信念令人強大。

自我改善練習

不論是面對冒犯人的同事、固執的伴侶、不聽話的小孩或明目張膽的霸凌者，你都可以運用以下的方法將憤怒轉化為信念：

- 冷靜下來。克制衝動行事的渴望，接著花點時間審視當下的情況。
- 自問是什麼原因讓你感到憤怒——答案通常是某件你認為不公平或不合理的事。
- 辨識出是什麼原則遭到破壞，然後將自己的信念化為文字。
- 擬出最適合也最有創意的方式，來捍衛自己的原則。

07 在該拒絕時接受要求

「我的不幸，恰恰在於我缺乏拒絕的能力。」

——太宰治

貝琪和安說好要一起寫書，貝琪對此開心不已，安不僅是出過書的作家，也是她最要好的朋友。貝琪買了電腦並將空出來的臥室布置成辦公室之後，這對新搭檔的夥伴便開工了。

沒多久，工作模式成形：安負責設定進度並主導整個工作過程，她像個無法克制源源不絕想像力的瘋狂天才一樣，不停地在房間內踱步，貝琪則負責坐在鍵盤前打字。每當有無聊的事務必須處理，安都假定貝琪會負責；對貝琪提問時，安的語氣聽起來就像是用反問的方式在命令下屬，而不是向地位平等的夥伴尋求意見。貝琪提出的想法總是被貶低或輕視，於是她漸漸變得害怕兩人一起工作。

安的行爲並不恰當；貝琪則是有自我挫敗的傾向，她太擔心安會對整個計畫喊停，以至於無法堅定表達自己的意見。同時，貝琪忍不住對安設定的時程感到厭煩，但沒有明確說出「不」，等於是在說「好」，因而讓自己繼續被虧待。

對現狀絕口不提，任由憤怒和沮喪在心中累積，導致貝琪的自我挫敗行爲繼續惡化，最後終於情緒爆發。「你對待我的方式就像是老闆對下屬，」她大吼，「你根本就是傲慢又自以爲什麼都懂！」

不可否認地，這麼做終結了問題，但也終結了前途大好的合作計畫和曾經美好的友誼。

無法勇敢說「不」或**不甘願地說「好」**是很常見的兩難情況。舉例來說，負責養家的人可能會擔心，如果自己縮減家人的開支，就會失去家人的愛，但如果不這麼做，他可能會因爲付出被視爲理所當然而心懷不滿；和藥物濫用者同住的人都明白，拒絕屈服於成癮者可能會引發暴怒或幼稚的指控，但如果聽從對方的話，又會覺得自己被操控而感到不快。

出現沮喪訊號，就是採取行動的時刻

當你發現自己不想屈服於難以接受的行爲，卻又害怕起身反抗，你可能會很想乾脆避開對方。當然，如果對方是你生命中很重要的人，這麼做不太有用，但繼續隱忍也只會造成雙輸，這時唯一的解決方法就是喊停。不過，請記得時機很重要，如果你拖太久才發聲，對方會覺得被冒犯，並反過來責怪你：「原來你一直都這樣想，實在是太虛僞了！」或者，對方也可能會像貝琪的前合作夥伴那樣說：「難道我會讀心術嗎？我怎麼知道你這麼討厭這樣？」

要是當初貝琪在沮喪達到臨界點之前就採取行動，也許就能避免情緒爆發，並且改用更適當的方法表達，像是：「我可能應該早點說實話，但我們的合作方式眞的讓我很不開心。我知道你懂得比我多，但我也有可以貢獻的地方。我的想法沒有受到重視眞的讓我很沮喪，我希望接下來你可以把我當成眞正的合作夥伴來對待。」

關鍵在於**留意沮喪的早期警告訊號**，例如看到對方時越來越沒有熱情、發現自己是唯一的輔助角色，或者因爲讓步而自覺懦弱等等。

你不需要在別人做出不公平或不合理的行爲時隨之起舞。如果你已經在配合對方，一定要清楚告知，**你這麼做是在提供協助，而且你期望有所回報**。

“

實用啟示——

無法勇敢說「不」，或不甘願地說「好」時，就是該喊停的時候！

”

自我改善練習

- 認清拒絕妥協不代表你很固執、惡毒或挑釁。
- 理解沒有說「不」就有可能被視為接受，並助長你厭惡的行為。
- 確保你與對方面對面溝通的時機恰當。

- 利用客觀的角度表達你的不滿。
- 指出哪些方面讓**你**感到受傷或沮喪，但不要用指控或批判的語氣。
- 坦承自己也必須為眼前的問題負部分責任。
- 明確表達你希望未來如何改善。
- 用建議或請求的方式表達，避免聽起來像是在下最後通牒。

08 心懷怨恨，無法原諒

「軟弱的人從不原諒，
原諒是強者才有的能力。」
——聖雄甘地（Mahatma Gandhi）

「原諒是最徹底的報復。」
——喬許．畢林斯（Josh Billings）

「原諒後放下」就是那種聽起來像是好建議但非常難做到的常見說法，儘管我們都想要做到最好，但逼不得已時，最後我們還是會原諒不了，也無法放下。**不原諒通常可以視爲「繼續責怪」的同義詞**。責怪是一種強大的防禦機制，功能在於爲自己的憤怒和沮喪找到宣洩目標。這樣的機制可以讓你免於承認自己的缺點，然而，把自己的問題歸咎於別人只會讓你處於被動狀態——雖然不必負責任的感覺很好，但同時你也無法採取行動，扭轉自己的處境。

同樣的道理，**不放下的同義詞就是「繼續記得」**，這也是一種自我保護機制。你以爲牢記過去的傷痛可以讓自己隨時保持警戒，進而保護自己不再因爲大意而被突襲或受傷。然而眞正的問題在於，小心翼翼可能導致你過度緊繃和防備，以至於其他人覺得和你相處實在太辛苦，最後你可能就會落入安全卻孤獨的狀態。那麼，什麼時候才是放下的安全時機？就是當你已經學會該明白的道理，能夠避免有害狀況再次出現的時候。

「君子坦蕩蕩，小人長戚戚。」

——孔子

亞伯特是個野心勃勃的年輕經理，一心想要爭取到公司即將釋出的職位。在他努力想在上司心中留下好印象，並用各種手段取得優勢的期間，他和妻子雪莉一同出席了公司聚會。雪莉是個我行我素的藝術家，那天晚上喝了太多又隨便說話，讓亞伯特感到尷尬。後來，別人獲得亞伯特以爲應該屬於自己的升遷，他認爲這是妻子的錯，接下來將近一年的時間，他寧可獨自出席社交場合，也不願意冒著丟臉的風險，而且每一次當他因爲職業生涯停滯不前而感到挫折，都會對雪莉提起那天晚上的事。亞伯特長時間的怨恨幾乎將兩人的婚姻摧毀殆盡。

擁有滿意的人生時，才能眞正原諒並放下

後來，在年度評鑑時，亞伯特的上司直接指出他止步不前的原因，以及他該怎麼做才能在公司升遷。想當然，原因在於亞伯特的工作表現，和他的妻子無關。

面對現實之後，亞伯特才發現自己一直把力氣浪費在責怪雪莉。隨著他的工作表現漸漸改善，前途開始變得光明，亞伯特終於能夠原諒了。接著，他採取下一步行動：理性地向雪莉表達自己的擔憂。雪莉承諾再也不會在公司活動中喝酒，並且正視出席的重要性。亞伯特合理判斷過去不會重演之後，終於能夠原諒，並且放下。

「原諒理應像是將無效用的紙條撕成兩半，
再徹底燃燒，
以免再次用來對付他人。」
——亨利・沃德・比徹（Henry Ward Beecher）

眞正做到原諒的最佳方法，就是不要再想著怨恨本身，而是**把注意力放在成就重要的目標上**。如果你堅定地往前走，並活出滿意的人生，就比較不會感到沮喪和憤怒，也會比較願意爲自己的行爲負起責任，對怪罪他人的需求就會漸漸消散。你不會希望自己因爲不夠豁達而損及自身幸福，說到底，**在人生的道路上領先，其實比報復重要得多**。

而放下的最佳方法，就是**改善自己的行爲和處境，直到你覺得夠安全，可以忘卻那些痛苦的記憶**。如果有人曾經讓你感到難過，你可以試著與對方達成協議，以便有效確保事情不會重演。另一個好方法則是釐清一開始究竟是什麼讓你容易受到傷害，然後去改變自己的態度或行爲。當你知道自己有能力冷靜處理再次發生的事件，就能原諒，並且放下。

“

實用啟示——

當我們不再需要責怪他人，就能原諒；
當我們不再需要記得，就能放下。

”

自我改善練習

- 問自己如果不原諒又不放下，你必須付出什麼代價。
- 釐清對方做錯什麼，以及你須從他身上得到什麼才能在未來感到安心。
- 問自己可以對眼前的問題付出什麼努力。
- 判斷自己需要學會什麼，才能避免舊事重演。
- 在人生的道路上往前走。如果你能打造出更令人滿意的未來，忘卻過去就會變得比較容易。

09 假設對方不求回報

「向朋友借錢之前，
先判斷你比較需要何者。」
——愛笛森．H．哈洛克（Addison H. Hallock）

希拉蕊一心想要完成研究所學業並成爲心理治療師，然而由於缺錢，她已經休學三年，在會計師事務所工作，然後只要負擔得起的課她都去修習。後來希拉蕊的運氣來了，她的兄姊在一夕之間經商成功，並且願意負擔她的學費。「只要結訓然後成功就好，」他們大方地說，「我們唯一要求的回報就是這樣。」

表面上，他們確實不求回報，希拉蕊不必償還任何一毛錢，但是她卻發現自己積欠了其他比較微妙的債務——突然之間，她被要求應該爲了家庭聚會飛越整個美國，在聚會中還要把握每次機會提及自己有多感謝贊助學費的人。隨著希拉蕊接受越來越多訓練，她的兄姊開始頻繁來電，討論有關孩子、伴侶和彼此之間的問題——他們想要用付出的金錢換取公開表達的謝意和免費的專業建議。他們很慷慨，卻不是全然無私。「早知道要承擔這些，我就選擇向銀行貸款了。」希拉蕊這麼說。

希拉蕊體會到的，就是心理層面的「天下沒有白吃的午餐」。不論有意或無意，幾乎所有人都會在心中記住各種人情和舉動，而且每個人對吃虧都很敏感。有時候附加條件可能是完全等價的交換，例如你送出的生日禮物應該和收到的禮物是相同價位；有時候，他人對你的期待則比較微妙——也許是高調表示感謝，也許是改變行爲——而到最後，我們總會覺得困惑、遭到背叛和操弄。如果這類情況太常發生，我們可能會變得憤世嫉俗，養成「不要讓我欠人情」的老練態度。

應該先假定必須提供回報

爲什麼我們會想要相信其他人願意不求回報地爲我們付出？因爲我們一直渴望無條件的愛，希望光是自己的存在就足以讓別人付出——就像小時候一樣，或是渴望像孩子一樣，因爲長大之後，其他人就會開始要求回報。當別人爲我們付出，並且暗示自己不求回報（通常是出於禮貌），便會喚起我們小時候受到珍惜、被視爲特殊存在的感受，難怪我們會想要相信這種說法。這就是爲何我們發現其實有附加條件時，不僅會感覺遭到背叛又憤怒，還會覺得自己傻到用孩子氣的願望來欺騙自己。

接受他人的好意之後，你可能就欠下了你根本不知道自己該還的債；而如果你沒有確實償還，就會因爲你無法理解的理由遭到懲罰。爲避免這種情況發生，最好要**假定回報是必要的舉動**。你可以向付出的人表示「我希望將來有機會的話，能爲你做一樣的事」，藉此確認對方的想法；即使對方堅持無所求，你還是要以防萬一，想像一下什麼才稱得上公平的回報，並且做好實現的準備。一般而言，比較保險的做法是**預期高一點而不是低一點的回報**，否則你可能會自以爲已經還清人情，最後卻發現其實還沒還完。

試著在一開始就判斷對方的舉動意味著贈禮、幫忙或借貸，每一種意義背後都伴隨著不同的義務：獲得贈禮至少需要報以一聲謝謝；獲得幫忙則表示立場調換時你必須做出類似的行爲；而借貸當然就是需要付出同等的報酬。

如果你是付出的一方，這些區別也同樣很重要，千萬不要自欺欺人，自以爲是地像聖人一樣爲他人付出而不求回報。如果你不太清楚自己眞正的要求是什麼，便可能會自視爲受害者，最後危及整段關係；你甚至可能會收回自己的信任和關愛，結果你和對方都不懂你究竟怎麼了。

“

實用啓示——

凡事都有附加條件。

”

自我改善練習

- 假定他人的付出都期望獲得回報。請不要因為這樣的現實而感到沮喪。
- 判斷對方的舉動意味著贈禮、幫忙或借貸。

- 如果是贈禮，務必表達感謝，也許還可以找機會贈送回禮或展現自己的體貼。
- 如果是幫忙，請記得在對方需要時同樣伸出援手。
- 如果是借貸，請清楚講明你的償還方式、時間和內容。

10 打安全牌

「唯有情願長時間離岸，
才有可能發現新大陸。」
——安德烈．紀德（André Gide）

一個來自尚未工業化的部落的人被帶往紐約市，有人問起他對這座城市的印象，他一臉悲傷地說，他在街道上看到的每一個人都在往下看，「他們都看不見天空。」

這樣的觀察精準描述了當我們不願意冒險時會錯過什麼。如果你在曼哈頓的街道穿梭，或是在高速公路上開車，「看著眼前的路」這類說法其實很有道理，提醒你要注意眼前的障礙；然而，如果你把這樣的好建議當作人生準則，後果會不堪設想。這樣的心態使你過分謹慎，你的腳步會放慢，甚至可能會徹底迷失方向。確實，在某些情況下寧可保持安全也不要造成遺憾，但如果你總是打安全牌，可以肯定的是，你最後一定會感到遺憾。

強納森是個表現亮眼的軟體設計師，年紀步入三十後半，從各方面看來，他已經擁有理想的人生：位於比佛利山莊的豪宅、美麗又傑出的妻子、兩個讓他引以爲傲的孩子、知名獎項，以及優渥到登上報紙後讓他有點尷尬的薪水。然而，強納森並不快樂。十四年前他以大膽年輕的創新者之姿，用突破性的想法震撼矽谷，早期推出的產品大獲成功之後，便和大公司簽下長期合約。強納森的工作穩定、有保障又享譽業界，他負責管理某個部門，雖然這個部門能生產出絕佳的產品，這些產品卻很**安全**。強納森已經學會如何讓消費者和股東滿意，但他再也不如當初那樣大膽和亮眼，這讓他感到非常困擾。「我已經江郎才盡了。」他哀怨地說，「以前我很有遠見，現在我眼裡只有數字。」

「眼中的光芒消散至何處？
榮耀與夢想如今又在何方？」
——威廉·華茲華斯（William Wordsworth）

朝自己眞正想望的地方前進

強納森已經很擅長看著自己正在前往的方向，但是，他想要再次走向自己盼望的地方。

看著自己正在前往的方向，動力來源是恐懼；走向自己盼望的地方，動力則是來自渴望、自信和願景。如果你知道自己可以應付沿途的顚簸，就不必一直盯著人行道看，而是可以專心看著目標，全速前進。

保守或冒險的傾向通常可以追溯到童年的影響。原本所有的孩子都具有冒險精神和好奇心，但如果小孩在受傷或犯錯時父母出現憤怒的反應，說出「不准再讓我看到你做這種事」，或是產生恐懼的反應，說出「不要再這樣了，不然你會受傷」，這些小孩長大之後就比較容易保守行事。每當這類人受到冒險的誘惑，他們的情緒記憶就會在耳邊低語：「你之後一定會後悔。」另一方面，如果父母對孩子說「回去再試一次」，孩子長大後通常會爲了追夢而冒險。

「無法每天克服一項恐懼的人，
就是尚未學會人生的功課。」
——拉爾夫・沃爾多・愛默生（Ralph Waldo Emerson）

願意冒險的人都知道，最有效的成長方式就是**超越自身極限**。這類人的方向感源自內心，碰到預期之外的事物從不閃躲，甚至可能會主動尋找驚喜。願意冒險的人也鮮少抱著遺憾離世，因爲走到人生盡頭時，我們通常不會因爲自己做過的事後悔，而是爲了**沒做過**的事後悔。

我的好友提摩西・高威（Timothy Gallwey）是《內心的高爾夫球賽》（*Inner Game of Golf*）一書的作者，他會要求接受他訓練的客戶閉上雙眼來練習推桿，他表示這麼做有助於養成更順暢的擊球動作，因爲客戶不得不跟隨自己的直覺。其實，對於想要改變人生方向的患者，我也會提供類似的建議：閉上雙眼，連繫心中的願景，接著開始往願景指引的方向前進。過程中也許會跌跌撞撞，但你一定能體會到更豐富的人生滋味，最後也能看見天空。

實用啓示——

與其看著自己正在前往的方向，
不如走向自己盼望的地方。

自我改善練習

- 回想人生中你仍然樂觀且抱持理想的時期。
- 讓這個年輕的你嚴格審視現在的你，判斷你是否一直專心在追尋夢想。
- 哪些尚未實現的夢想對你來說仍然有意義？
- 從實際的角度思考，自問現在該怎樣才能重回軌道。或者，什麼樣的新願景可以體現你曾經夢想擁有的感受和體驗？
- 請完成這個句子：「如果此刻可以改變自己的人生，我會＿＿＿＿。」

• 努力將恐懼轉化成機會。（棒球名人王貞治被問起是如何打出這麼多全壘打時，他表示不會把對方的投手當作敵手，而是幫助自己打得更好的夥伴。）

11 時時都堅持自己是對的

「我一直到人生很晚期才發現，
說出『我不知道』有多麼簡單。」
——薩默塞特・毛姆（Somerset Maugham）

「深信不疑自己是正確的一方，
大概是人類最嚇人的一面。」
——勞倫斯・凡・德・普司特（Laurens Van Der Post）

有位溝通專家曾提出以下的區別方式：「不知自己在說什麼卻表現出什麼都知道的人是混蛋，知道自己在說什麼又表現出什麼都知道的人只是個蠢蛋。」不論你知不知道自己在說什麼，**表現出一副什麼都知道的樣子**就是自我挫敗行爲。

湯姆是雜誌社的副主編，他在人生遭遇低潮時來向我尋求協助。起初他錯過夢寐以求的升遷機會，因爲根據高層的說法，他「無法和其他人好好相處」，高層表示他總是用瞧不起人的態度和別人說話。後來他的妻子提出離婚，她大罵湯姆是個傲慢的混帳，總是覺得自己最正確。

湯姆是由有酗酒習慣的父母養大的，他們經常失控，而且導致兒子大部分時間都覺得自己有錯。長大成人之後，湯姆與他人的互動受到兩大需求控制：必須證明自己是正確的一方（伴隨著絕不犯錯的相對需求），以及必須隨時都握有掌控權。在我們前幾次的會面，我試著和他進行對話，或者至少展開討論，但最後總會演變成爭論，於是我決定採用不同的策略：讓他發表高見到滿意爲止。

經過幾次療程之後，湯姆問我爲什麼不打斷他，我答道：「你看起來有很多話要說。」他疑惑了一下，開始擺出挑釁的態度，最後溫順地低下頭並喃喃自語：「我到底想要騙誰？」

我透過專注聆聽並且順湯姆的意，成功避免了他表現出無所不知的樣子時企圖引發的結果：正面衝突。湯姆擅於引發混亂，如此一來他就能奪得控制權；然而，他其實是個好人，得知自己深愛和敬重的人認爲他傲慢、自以爲是又不尊重人，讓他感到痛苦不堪。現在他陷入谷底，終於願意更誠實地檢視自己。

「即使犯錯，也不必羞於承認。

認錯只意味著：

換言之，今天的自己比昨天的自己更有智慧。」

——亞歷山大・波普（Alexander Pope）

「我沒錯」其實是出於自我防衛

湯姆體會到的道理是：和大多數時時都想要證明自己正確的人一樣，他的行爲是出於**自我防衛**。在內心深處，湯姆深信這個世界一直在對自己說：「你根本不知道自己在說什麼。」其實比起證明自己是對的一方，他更想要證明自己沒有錯，然而他的態度實在太過咄咄逼人，以至於表現出冒犯，而不是防衛的行爲，彷彿是在要求他人同意或順從他的意見。湯姆傳達出來的訊息不只意味著「我沒有錯」，更是在強調「**你錯了**」。

如果你在沒有人攻擊你的時候擺出防禦態度，其他人就會覺得自己受到攻擊。你不會因此被視爲有主見又具說服力的人而受到仰慕，而是會被當作意見太多的無聊人士，因而惹人厭。在職場上，如果你很幸運地是個特別聰明、有天分或有生產力的人，其他人會願意忍受你的行爲；然而一旦你犯錯，他們絕對不會手下留情，也不會伸出援手，因爲他們要不是認爲你不會接受幫助，就是想要看到你一敗塗地。

多數自以爲是的人和湯姆不一樣，一輩子都沒學到教訓。畢竟，如果你自認爲永遠不會犯錯，就學不會新事物。這麼做等於是徹底封閉自己，因爲熟知和學習不可能同時發生。

時時都堅持自己是對的，就是錯誤的行爲，不僅不公正、不合理，甚至可以說是不切實際。這麼做只會爲你帶來藐視，而不是權力和尊嚴。

另一方面，偶爾犯錯也不代表你比較沒有價值，而是讓你更有人性，也更容易接近。

“

實用啟示——

沒有人攻擊你的時候，擺出防禦態度就是一種冒犯。

”

自我改善練習

- 下一次又出現想要證明自己正確的衝動時，自問是否有必要冒著傷害他人和惹人厭的風險，來贏過別人。
- 觀察他人的反饋。如果你表現出什麼都知道的樣子，其他人的反應如果不是反擊，就是會毫不抵抗地屈服，然後開始躲避你。
- 在證明自己沒錯的同時，請確保你不會讓別人覺得自己錯了。
- 正視和認可他人意見及觀點的價值。

• 如果冒犯到他人，請承認自己錯了，這是重新交流的最佳方式。

• 體會一下身為不正確的一方是什麼感覺。你可以處理好這種情緒嗎？請記得，這麼做的好處在於沒有人會疏遠你。

• 與其表現得無所不知，不如努力去了解一切，通盤考量其他人的觀點，以及眼前情況的限制。

12

把焦點放在伴侶的錯誤

「願我能再寬容一點。
對周遭的人犯下的錯誤，
願我能再無視一點。
願我能再多稱讚一點。」
——愛德嘉．格斯特（Edgar A. Guest）

「沒有什麼比開口形容他人，
更能清楚顯露出一個人的性格。」
——尚．保羅．李希特（Jean Paul Richter）

「我幹麼要努力？你根本他媽的什麼都不願意去做！」

「什麼？所有的改變都是我做的，我完全看不到你的努力！」

這是伴侶諮商中很典型的對話。爲了減少親密關係中的摩擦，大多數人都會願意爲了滿足伴侶而付出，即使並不容易，例如改掉惱人的習慣、幫忙處理家務或克制脾氣。這類改變需要付出大量努力，但我們通常都願意一試——前提是伴侶也付出同等的努力。然而，如果另一半看起來不太願意配合，我們就會心生怨恨，也開始不再那麼努力。

可惜的是，**我們很少把焦點放在伴侶想要改善這段關係的心意，反而很容易注意到他們犯錯和沒有付出的**一面。想當然，伴侶也是帶著相同的狹隘視角看待我們，於是相互厭惡的惡性循環就這樣持續下去，直到雙方都得不到認可，也沒有一方做好自己該做的事。

「如果我們不會犯錯，
就不會如此享受找出他人的錯誤。」
——法蘭索瓦・德・拉侯什傅科（Francois, Duc De La Rochefoucauld）

揪出別人的錯，是爲了掩飾自己不夠努力

和大多數夫妻一樣，羅斯和南西．庫斯勒爲了金錢問題爭吵不休。羅斯在貧困的環境中長大，靠著自身努力晉升中產階級，他控訴妻子花錢不經過腦袋；在事業停滯的壓力下，羅斯會質問南西的每一筆花費，如果認爲妻子太過揮霍，他就會大發雷霆。另一方面，南西是自由攝影師，從小家庭環境富裕，在她眼中，羅斯是個一毛不拔的男人，寧可把錢都藏起來，也不願意讓他自己或家人享受；對於丈夫不信任她的判斷力，南西感到相當受傷。

雖然兩人之間有種種問題，雙方都很認眞經營這段婚姻，也願意努力改善。羅斯試著控制自己的脾氣，也試著不再質疑妻子的花費；南西則是盡力只購買必要物品。然而，沒有一方能認可對方的努力，南西表示：「他根本什麼鳥事都沒做。」「我？」羅斯大聲回嘴，「我從接受諮商開始就一直爲這段婚姻努力，可是我完全沒有在你身上看到任何改變！」

爲什麼我們總是對伴侶的付出視而不見？原因之一是爲對方打分數並不容易。舉例來說，當對方吃消夜之後忘記清理，你一大早就會在洗碗槽看到證據，

不過你又要怎麼記錄對方記得清理的次數呢？違反約定的行為不僅比較容易發現，我們更會刻意揪出這類行爲，因爲我們可以藉此達到一個目的：爲自己的努力不足找理由。這麼做也能合理化我們的憤怒，畢竟在長期關係中，憤怒會隨著時間累積，有時候我們感到惱怒卻找不到直接原因，而毫無理由生氣會造成不適感，於是我們開始尋找證據，就像偵探尋找線索要爲嫌疑犯定罪一樣。悲哀的是，從對方身上揪錯不僅會引發嫌隙，還會導致我們不再欣賞彼此。

「稱讚人的動作要快，
人人都喜歡稱讚那些讚美自己的人。」
——伯納德・巴魯克（Bernard Baruch）

關注他人的努力，而不是自己的

如果雙方都能把焦點放在對方的努力，就像對自己的付出一樣重視，改善關係就會簡單得多。爲了協助夫妻或情侶做到這一點，我會鼓勵他們回答下列問題，幫助他們將心態從不認可轉換爲欣賞。

- 你看過伴侶採取什麼特定行動來改善這段關係？
- 你可以回想起對方曾經爲了你好而去做某件事的經驗嗎？
- 對方有做過什麼自己不太想做的事，就只是爲了讓你開心嗎？
- 對方是否曾經忍住不說出你不喜歡的話？
- 對方是否曾經在自己可能做出你無法忍受的事情時克制自己？
- 對方有沒有試過要改變你曾抱怨的習慣或行爲模式？

爲了加速培養欣賞對方的心態的過程，我也會鼓勵夫妻或情侶把自己的付出變得更具體。例如，南西答應在購買超過五十美元的東西之前會先和羅斯商量，羅斯則承諾會控制自己的脾氣，並且整理出財務報表，幫助南西確實理解兩人的經濟狀況。這樣一來，雙方都可以有效追蹤對方付出的努力。

改善關係的定義就是做出對雙方最有利的選擇，即使過程並不容易，而如果要堅持下去，我們必須看到伴侶付出和自己同等的努力。說到底，眞正關鍵的不是我們對彼此做了什麼，而是我們爲了彼此，**合力**做了什麼。

> **實用啓示**——
> 如果你真心想要改善親密關係，
> 請關注伴侶的努力，而不只是自己的付出。

自我改善練習

- 當你認為伴侶沒有盡到應盡的責任時，自問心懷怨恨和存心揪錯對你或你們的關係是否有幫助。
- 練習「三個A」：覺察（Awareness）、欣賞（Appreciation）、認可

（Acknowledgment）。

1. 覺察伴侶的努力，試著注意到對方為了這段關係所做的小事。
2. 欣賞這些努力背後的妥協和犧牲——以及伴侶愛你愛到願意去嘗試。
3. 認可伴侶的貢獻，不要把欣賞的態度藏在心裡。

- 開始運用「三個A」建立追蹤紀錄之後，你可能會發現伴侶自動自發地改變了行為模式。有時別人做出你不喜歡的事，只是因為他們覺得沒有受到欣賞。
- 如果你還是覺得自己因為伴侶不夠努力而吃虧，自問你的負面看法是否公允且合理。
- 如果你的看法確實公允合理，請試著用不批判的語氣表達自己可能感受到的痛苦和沮喪。
- 告訴伴侶你希望在對方身上看到的改變，接著詢問對方是否認為你要求的這些改變公允且合理，以及是否願意努力做到。
- 詢問伴侶是否想在你身上看到任何改變。

13

忍受他人言而無信

「別再相信這些欺人的魔鬼，
他們用文字遊戲耍把戲，
把我們的希望高高舉起，又重重摔下。」
——莎士比亞

「我們的承諾源於願望，
行為則源於恐懼。」
——法蘭索瓦·德·拉侯什傅科

言而無信之所以令人感到絕望，就是因爲這種行爲打碎了我們最深層的渴望：信任他人。在無助的嬰兒時期，我們必須信任照顧者才能感到安全；長大成人之後，言而無信會令我們回想起許久以前脆弱而容易受到傷害的自己，進而引發我們的憤怒、不安全感，有時還會讓我們像孩子般耍脾氣。

言而無信眞正令人感到沮喪和痛苦的部分，就在於打破承諾的人不承認自己的錯誤行爲，通常都是因爲他們根本沒有發現自己在一開始做出了承諾。爲了讓自己好過一點，別人會隨意說出一些話來緩解你的緊繃感、安撫你的不安，或是爲了更自私的目的：擺脫你。對方根本沒有意識到你打算要求他們信守承諾。因此，公司老闆會爲了讓員工安心，而暗示要幫員工升職；父母會爲了讓孩子閉嘴，而答應要帶孩子去迪士尼樂園；男人會爲了讓女友有安全感，並讓自己充分占有對方的愛慕，而把婚姻掛在嘴邊。對這些人而言，粉飾眼前的尷尬情況，遠比考量長遠的可能後果更加重要。

有時候，我們會輕易放過言而無信的人，不向他們追究責任。爲了不引起風波，也爲了維持對這些人的基本信任，我們會用下面這類理由合理化他們的背叛：「噢，他只是不小心犯了錯。」或「她一定是忘記了。」我們之所以這麼做，是因爲太過沮喪，瀕臨大發雷霆或內心崩潰，但又太害怕失控。我們不願意失去朋友或讓場面難看，於是對此輕輕放下，嘴上說著沒關係，下一次又滿心歡喜地接受對方的承諾。

設下停損訊號

爲習慣言而無信的人開脫，絕對是一種自我挫敗行爲。如果你不願意承認自己有多難過，或者試圖把已造成的傷害降到最低，打破承諾的人就會繼續對你的失望視而不見。即使你之後和對方對質，他也只會找藉口，心裡很清楚你會再次退縮，或者，他會堅持自己只是不小心犯錯，而不會爲自己的錯誤行爲負責。

如果對方一而再、再而三地不遵守諾言，最後你會發現，每當對方做出一個承諾，你就會擔心害怕一次。當這種情況發生時，請把這當作自己已經沒有心力再找理由，而且是時候劃清界線了的訊號。第一步是自問：「我是不是已經沮喪到不再抱持和解的希望？這段關係有重要到我必須降低自己的期望嗎？或者，我應該停損才對？」

給對方臺階下，也要堅守自己的立場

如果你選擇堅持下去，就必須準備好向對方問責——最好在自己太過憤怒而失去理智之前就做好準備，並且試著以不具威脅性的態度提起這個問題。避免一臉不友善地表達自身立場的最佳方法，就是我稱之為「可倫坡防禦」（Columbo Defense）的策略：你必須像彼得．福克（Peter Falk）在知名電視劇《神探可倫坡》中飾演的主角一樣，與對方談話時避開眼神接觸，一邊抓抓頭裝出一臉疑惑的樣子，一邊說也許是你記錯了，但你突然想起他以前做出的某個承諾。當你是有理的一方，卻不想讓對方顏面盡失，可以運用這個方法卸下對方的心防，來導入敏感的話題。

我有個名叫曼蒂的患者就是用這個策略和男友湯姆溝通，因為湯姆總是讓事業影響到兩人之間的感情。有一次，湯姆取消週末前往沙漠水療度假村的行程，並且對曼蒂說：「我會補償你，明年春天我的行程會比較空，我們就可以去夏威夷度假一星期了。」隨著春季即將變成夏季，眼見旅遊計畫遲遲無法成行，曼蒂越來越煩躁。她無法再忍受湯姆又一次言而無信，還不必付出代價，但她很清楚，如果自己發脾氣或表現出惱怒的樣子，湯姆一定會擺出防衛態度，並且指控曼蒂要求太多。

於是，曼蒂採用了可倫坡防禦策略。有天晚上，享用過溫馨的晚餐之後，曼蒂對湯姆說：「對了，我有點搞不清楚，可能是我記錯還是怎樣，但我記得你好像說過今年春天要安排去夏威夷度假，你有印象嗎？」

湯姆聽懂了曼蒂的言外之意：「總之，你之前做出了承諾。我沒有要抱怨，只是要幫你回想一下，然後給你機會把事情處理好。」曼蒂的方法成功引起湯姆的注意、獲得他的重視，同時讓他沒有其他逃避方法，除非他寧可撒下漫天大謊。而效果最好的部分是，湯姆因此可以不必丟臉就「想起」自己的諾言，並且遲來地履行承諾。

不守諾言成性的人通常會自以爲可以避開任何責任，因此，如果你不想被踩在腳底下，**就必須讓對方知道背叛需要付出代價**。然而，你也必須做好堅守立場的準備，如果對方認爲你在虛張聲勢，而你又因此退縮，就等於打破了你對自己未明言的承諾。

“

實用啟示——

如果對方已經言而無信太多次，別再讓對方許下任何承諾。

”

自我改善練習

- 如果有人一再打破承諾，請試著讓對方的下一個承諾具有約束力，以免到了諾言該實現的時間，反而是你自己陷入了困境。
- 明確表達自己的期望：「這聽起來應該算是承諾，如果你沒有遵守，就會造成傷害。所以，我應該抱多大的期望才對？」
- 避免重提對方過去言而無信的行為，這不僅浪費時間，還可能引發爭吵。

- 確立時程表：「我應該要預期這件事會在什麼時候實現？」如果對方拒絕回答，請自行設下期限：「我會在那個月的第一天提醒你。」
- 如果對方沒有遵守時間表，請用不具威脅性的方式要求對方。智慧和想像力比質問或最後通牒的效果更好。
- 如果上述手段都沒有用，要讓對方明白言而無信的後果。例如，你可以說：「我要開始和其他男人約會了。」或「我再也沒辦法相信你了。」
- 執行這些步驟之後，不守承諾的人也許會改邪歸正。然而，如果對方沒有任何改變，大概就是真的無意實踐自己的諾言（和出於好意而隨意許下承諾的人相反），因此，你最好不要再接受對方的承諾。
- 勸加練習勸導對方的話。如果你希望其他人信守對你的諾言，就務必要遵守你對自己許下的承諾。對自己承諾無法做到的事，就和任由言而無信的人逃避責任一樣，是貨真價實的自我挫敗行為。

14 試圖在怒氣未消時和好

「語氣中的暴力，
通常不過是理智從喉頭發出的瀕死嘶啞聲。」
——約翰·弗雷德里克·博耶斯（John Frederick Boyes）

我不知怎麼地變成小有名氣的親密關係專家之後，沒過多久就發現，自己的婚姻也觸礁了。經過一連串的小事，太多怨恨日積月累，以至於我和妻子開始對彼此冷淡又針鋒相對，有時我甚至擔心自己已經不再愛她了。

某天晚上我躺在床上沉思，我妻子則在旁邊看書，氣氛相當緊繃。我對於遲遲無法消除不愉快的氣氛感到很沮喪，於是決定在這時候嘗試和好，便滿懷愛意地轉身面向妻子。我的原意是要和解，從我口中說出的話卻是開戰宣言。

我忍住不要大吼出聲，並暗自對一個可怕的事實恐懼到發抖：我還是愛著我妻子，但我無法停止恨她。如果我們不趕緊採取行動，兩人的婚姻不是會自動毀滅，就是會進入冰凍的冷戰狀態，但只要我們還是滿腔怒火，就不可能有和平的舉動。

「我們必須談一談。」我說。

「沒什麼好談的。」她簡短地回絕。

「我們沒有其他選擇了。」我堅持道，「我很害怕，我沒辦法忍受一直恨你。」

就在這瞬間，我的妻子知道有某件事情改變了——我是在對她**說話**，而不是對她**說教**。「我也很害怕。」她坦承。

先徹底排解負面情緒，才能眞正和好

我們在毯子下牽起手，這是我們好幾週以來第一次碰觸彼此。沒過多久，我們便展開一段長時間且坦誠的對話，這正是我們迫切需要的溝通。

從這時候開始，我試著幫助爭吵不休的夫妻或情侶了解，在將怒氣釋放之前，試圖和好只會徒勞無功。在心懷怨恨的同時企圖展現愛意，也許能換取一時的停戰，但無法獲得眞正的和平，因爲怨恨會讓你時時警戒，你會對微不足道的言語產生防備心，對對方並非百分之百正面的行爲過度反應，然而這並不是經營親密關係的正確之道。唯有**徹底排解內心深處的負面情緒，並且感受到眞正將情緒放下**，你才會產生這樣的想法：「我不想再恨這個人了。」接下來的重建之路，才能建立在堅實的基礎之上。

怨恨通常始於失望，當你在伴侶身上發現令你惱怒的特質，便會漸漸開始覺得：「這不是我愛上的那個人。」起初，你會猶豫，不敢誠實以對，因爲你不想傷害對方，然而你的感受卻無處宣洩，只能漸漸累積，直到你開始害怕如果坦承自己有多麼不開心，這段關係就會崩解。沒過多久，失望會演變成憤怒，最後憤怒會惡化成長期問題，並且演變成怨恨。

通常，怨恨會對心懷怨恨的一方造成最多傷害，而不是遭到怨恨的那一方。我經常這麼問來找我的夫妻或情侶：「如果必須在可以總是稱心如意，或是再也不必對伴侶生氣之間二選一，你們會選擇哪一個？」幾乎所有人都回答：「再也不必生氣。」大多數人內心深處都知道，心懷怨恨比無法稱心如意更令人痛苦，如同有位男士沉痛地表示：「唯一比我妻子更讓我討厭的，就是我討厭她。」

「握緊的拳頭無法握手。」

——英迪拉．甘地（Indira Gandhi）

在人生接近尾聲時發現自己忙著怨恨他人，卻沒有好好愛人，你能想到比這更糟的命運嗎？如果你想要化解和伴侶之間的冷戰，就必須超越怨恨。

值得慶幸的是，雖然聽起來很令人意外，但怨恨其實比失去愛情容易克服。當愛情眞的已經逝去，就再也無法透過任何出於意志的行動挽回；然而，如果愛情只是一時被怨恨的烏雲遮蔽，就有可能在怨恨消散之後再次閃耀。

“

實用啓示——

一段關係結束並不是因為兩人不再相愛，而是因為無法停止怨恨彼此。

”

自我改善練習

- 與其害怕面對自己醜惡的情緒，不如在腦中為這些感受提供一個幻想舞臺。你可以想像符合這些情緒的仇恨報復行動，並且在腦中上演，這麼做有助於讓你覺得不那麼失控。
- 和對方溝通時，首先從你在表層感受到的怨恨談起，不過你必須一直向深處挖掘，直到碰觸到隱藏在攻擊性之下的脆弱。情緒的組成有許多層次：怨恨之下是憤怒，憤怒之下是沮喪，沮喪之下是傷痛，傷痛之下則是恐懼。如果你持續表達自己的感受，大致上就會依上述順序走出這些情緒。起初你會說出：「我恨你。」最後你表達的則會是：「我很害怕，我不想失去你，我不知道該怎麼辦。」
- 一旦你透過溝通，從怨恨轉變為傷痛，再從傷痛轉變為恐懼，就已經為新的開始奠下基礎。如果要強化這個基礎，可以試著進行下列練習：

1. 伴侶雙方都說出自己的一項性格缺點——謙遜可以化解自以為是。
2. 互相說出自己欣賞對方的一項特質——欣賞可以化解失望。

3. 互相說出自己感謝對方做過的一件事——感恩可以化解怨恨。
4. 互相為自己做過的一件傷害對方的事道歉，絕不找理由開脫——懊悔可以化解傷痛。

• 現在，雙方可以開始表達對方做過或沒做什麼，而傷害或激怒了自己。

15 沒有從自身錯誤中學習

「錯誤美其名就叫作經驗。」
——奥斯卡・王爾德

「如果你不從自己的錯誤中學習，其他人就會代勞。」
——佚名

若沒有學到經驗想要教會我們的道理，自我挫敗行爲就會是必然的結果。

在一部老派情境喜劇的其中一集裡，有個角色發現了一把手槍，並且決定拿去紐約的當鋪換成現金，結果當鋪店員一看到手槍就按下警報按鈕，接下來便引發一連串誤會，最後這個角色說服了法官自己是無辜的。不過，被釋放之前，法官問他：「在紐約販賣槍枝違法，你如果又再撿到一把，會怎麼做？」

「拿去紐澤西當掉。」這個角色答道。

這就是**從錯誤當中汲取錯誤教訓**的例子。

我們最常從錯誤中汲取的錯誤教訓，大概就是推論自己應該要在未來**避免**類似的情況發生，而不是學會用不同的方式應對。雖然「我不會再嘗試這樣做了」或「我再也不會去那個地方了」有時確實是恰當的反應，但這通常只是你在爲自己找藉口，如此就不必花費心力重新思考自己的行動。以最極端的狀況而言，逃避甚至有可能惡化成恐懼症，導致你每次遇到類似原始創傷的情況就會感到焦慮。

我曾經治療過一個年輕的檢察官，她因爲搞砸了第一場審判，而陷入極度憂鬱的狀態。她一心想要取得徹底的勝訴，於是在準備期間非常不合理地超時工作，導致自己缺乏睡眠和營養。熬夜一整晚之後，她走進法庭，完成了精采的開場陳述，但被告律師的狡猾策略卻讓她猝不及防。又緊張又睡眠不足的她無法保持鎮靜，在陳述時說得結結巴巴，還在公事包裡摸了半天都找不到資料，最後法官宣告審理無效。

不因一次的挫折，而全盤否定自己

令人遺憾的是，她從中學到的教訓是「我不適合刑法」，但她眞正該學到的應該是：保持大腦和身體健康也是準備工作重要的一環、盡可能了解對手的一切，還有，一次挫折不會抵消帶領你走到這一步的能力。

另一種面對錯誤的常見無用反應，就是**過度嚴厲地批評自己**。「我眞是懦弱」「太白痴了」或「我根本沒有能力」這類想法有助於你透過懲罰自己，來緩和罪惡感和羞愧感。此外，你也可以先發制人，因爲當你強力批評自己到一定程度，任何人說的任何評論都不可能會更嚴厲——事實上，當其他人發現你在怪罪自己，就可能會收回自己的批評，並且反過來試著安慰你。

然而，自我鞭笞歸根結柢就是自我挫敗，因此有必要區分**厭惡自己**和**厭惡自己所做的事**之間的差異。「這證明了我毫無價値」的想法會導致你陷入絕望和失去信心，而「我無法忍受自己這樣的行爲」則有助於培養智慧和決心。

有些錯誤教訓本質上就是否認。我看過一些人在婚外情被揭發並且歷經醜惡的爭吵之後，做出這樣的結論：「我應該要更小心不被抓到才對。」這種自我中心的反應只會造成躲躲藏藏的行為，完全無助於個人成長，因為這類人沒有學到眞正的教訓，也就是正視導致他們想要外遇的感情問題。

虐待事件的受害者通常會採取完全相反的行動方針。我知道有些遭到家暴的妻子會在每次歷經心碎事件之後說：「他不是故意的，我應該學會避免激怒他。」這就是錯誤的教訓，她們最需要了解的道理是：她們可以不必忍受這種遭遇，她們必須為自己挺身而出，即使離開丈夫，她們也能生存下去。

否認自己的錯誤，以及不從中汲取教訓，都是不對的，這兩種錯誤無法撥亂反正，但是，面對自己的錯誤並從中學會對的教訓則可以。

實用啓示——

我們總是能從錯誤中學到教訓，

但未必是學到對的教訓。

自我改善練習

- 犯錯之後，至少要維持四十八小時避免讓自己做出無法挽回的決定。失敗會讓我們覺得大腦中的某個部分分崩離析，為了趕緊修補，我們會緊抓住任何能簡單鬆一口氣的機會，而不是審視自己的動機和行動。四十八小時法則可以為我們提供充裕的時間，釐清應該學會的教訓。
- 請自問你是否可能因為以下這些事，而正在逃避**眞正**的教訓：
  1. 你寧可追求立即的滿足。
  2. 事實太難以面對。
  3. 你必須有所改變。
  4. 你需要責怪他人。
- 你可以厭惡自己犯下的錯誤，但請不要厭惡自己。
- 回想過去的類似情況，當時你有沒有犯下相同的錯誤？如果沒有，當時你採取了什麼不同的做法？如果有，當時你告誡自己如果有機會重來，應該怎麼做？這些記憶也許能幫助你學到正確的教訓。

16

試圖改變他人

「當我們無法再改變某個狀況時，
改變自己就是我們必須面對的挑戰。」
——維克多・弗蘭克（Viktor Frankl）

我曾經在團體心理治療時向四對伴侶提問：「你們有多少人覺得如果要讓雙方關係更好，另一半就必須改變？」八隻手毫不猶豫地舉起。接著我又問：「那有多少人覺得**自己**必須改變？」經過一段尷尬的猶豫之後，所有人都舉起手，卻不是眞心這麼認爲，而是因爲他們知道這是對方對自己的期待。

親密關係進入停滯期的原因，通常是雙方一致認爲是時候該改變了，卻覺得是對方應該要改變。當他們企圖迫使改變發生，或是等待改變自然發生時，其實是在拒絕全然接受對方。這種舉動之所以屬於自我挫敗行爲，是因爲它引發的往往是反抗、甚至抗爭，而不是合作，最後不但沒有人成功改變，兩人的關係還會被怨懟和憤恨汙染。因此，最常見的離婚原因，大概就是其中一方無法變成另一方心目中的樣子。

與其不接受伴侶的現狀直到對方改變，不如接受伴侶原本的樣子，並**期望**對方改變。

當然，有些態度和行爲就是令人無法接受，也沒有轉圜餘地——如果你面對的是這種狀況，請務必審慎思考。當你試圖改變的對象身上有某項你就是無法接受的特質，請不要低估這種情況可能惡化到多嚴重的程度，以及你可能淪落到多悲慘的境地。

然而，除了上述情況以外，最佳的應對策略就是**先接受，再期望**。這未必表示你一定要絕口不提自己的擔憂，而是可能需要展現更寬容的態度。「我愛你，但這個問題讓我很困擾，我眞的很希望有所改變」這樣的訊息，會比「你最好趕快做出改變，不然就看著辦」這樣的說法激發出更正面的回應。比較有可能發生的狀況是，你厭惡的那項特質正好也讓對方感到困擾，而你的接納也許會讓對方擁有足夠的安全感，來開始著手改進。

接受對方原本的樣子，再期待他做出改變

有條件的接納也是存在於父母和孩子之間的一大問題。以單親媽媽蓋兒和女兒瑪西爲例，蓋兒希望瑪西長大後成爲獨立自主的女性，但瑪西似乎胸無大志，甚至有點缺乏紀律。蓋兒迫切想要在女兒身上培養出理想的特質，因此開始訴諸責罵和懲罰。這種做法可以督促瑪西一段時間，但沒過多久她又會再次反抗——瑪西寧可危及自己的未來，也想要證明自己是獨立的個體。

「你可以接受瑪西做自己嗎？」我問蓋兒，「如果你沒辦法，她就會一直困在這種狀態中，而且你也會剝奪掉自己爲人母的喜悅。」

蓋兒花了很多心力才終於接受女兒原本的樣子，但這些努力是有回報的。瑪西其實也想要改變自己的行爲，但改變的前提是，她必須很確定這是自己的選擇，而不是爲了獲得母親的認可。

如果你期望他人改變，在等待的過程中很有可能把自己逼瘋；假如你強迫他人改變，則是會把對方逼瘋。然而，如果你接受對方原本的樣子，並表達你希望對方改變的想法，對方也許就會這麼做了。

“

實用啓示——

不要試圖改變他人，而是要接受他們原本的樣子，並期望他們會改變。

”

自我改善練習

- 下一次當身邊的人讓你感到沮喪時，請暫停一下並自問：「如果對方永遠都不改變，是可以接受的嗎？我有辦法無論如何都繼續愛對方嗎？」如果答案是可以，你應該就能修正自己的期望，並且繼續正面看待這段關係。
- 與其讓自己感覺像是無助的受害者，不如主動且有意識地選擇讓對方做自己。

- 列出對方的正面特質和負面特質。
- 如果要真正接受對方，花點時間培養欣賞對方正面特質的能力。
- 將心態從**需要**對方改正負面特質，轉換成**期望**對方改變。**你的身心安康不該取決於他人的改變**。
- 為自己選擇了寬容而不是怨懟感到驕傲。
- 如果你選擇告訴對方希望他改變，可以用讓步的方式問：「你希望我做出什麼改變嗎？」在調整到對雙方都公平的狀態之後，你會讓對方更有動力付出努力。

17 爲叛逆而叛逆

「只要看到任何寫著『請勿進入』的標示，人就會變得無比叛逆。」

——卡爾．桑德堡（Carl Sandburg）

「比起反對，爭取更有價值。」

——佚名

我曾經在一場心理學研討會中巧遇大學時期認識的人。在我的印象中，泰德是個開朗的學生，爲了追隨父母的腳步成爲心理治療師，而攻讀研究所。但出乎意料的是，他最後沒有成爲心理治療師，而是精神科醫院的行政人員，而且他顯然對此感到尷尬。

泰德意識到自己進入這個領域只是爲了讓父母開心之後，便從研究所休學，成了以「做自己命運的主人」爲理想的叛逆分子。不幸的是，他同時也成了毫無頭緒的叛逆分子。他先是在書店工作，試圖展開寫作生涯卻徒勞無功，接著又在大學城開了小型的烘焙坊。多年來，他很滿足地做著自己感興趣的事，過著簡樸的生活，但隨著年紀漸長和成家，不滿的情緒像他的腰圍一樣日漸累積。泰德開始感到厭倦，並且不再甘於僅能勉強維持生計，於是動用家族人脈，在心理治療領域找到行政方面的工作。

經過一番努力，泰德成功打造了一份體面的職業，現在他卻覺得缺乏成就感。「我只有在和心理治療師討論眞正的案例時才會有熱情。」他對我說，「我有在讀最新的文獻，有時我的想法甚至比心理醫師更好，但還是沒有人重視我。」

顯然，泰德對自己早年的決定感到後悔。「我可能已經錯過了最好的時機。」他坦承，「我本來有機會成爲超強的心理醫師。」

泰德反抗了強迫他成爲心理治療師的父母，他在內心大吼：「不要指揮我該怎麼做！」而在這樣的過程中，他自己的聲音也被蓋過去了。

先問自己「這眞的是我想要的嗎」，而非先反抗

被逼迫以特定方式生活的孩子經常會感到困惑：「我是爲了自己還是父母才這麼做？這是我眞正想要的，或者是跟著父母的計畫走？」在自由意志受到威脅的情況下，做出正確決定已經沒那麼重要了，更重要的是伸張自己的獨立性；而選擇造成的後果也沒那麼重要了，更重要的是確保做選擇的人是自己。有時這種獨立精神可以造就更忠於自我的生活，然而，當別人的期望與他們眞實的自我及渴望一致，最後這類人很有可能會變成在反抗自己。

這類型的自我挫敗行爲不只出現在反抗父母的孩子身上，我看過太多丈夫和妻子長期對他們認爲太霸道的伴侶表現出叛逆態度；我也看過事業夥伴對彼此的要求反對到底，尤其是家族企業中的兄弟姊妹。

無一例外，問題不在於叛逆的人**不想**去做被要求的事，而是他們不想被要求**必須**去做。遭到強迫或威逼會摧毀人的自尊，並損及人的尊嚴，導致我們覺得自己被當作小孩對待。

關鍵在於能夠感受到你的行動是出於自己的選擇，而不只是順從以滿足他

人。**當你發現自己在拒絕他人的期望時，務必確認你並沒有同時放棄了自己的願望**。其中一個可用來判斷的線索是，你心中有沒有清楚而嚮往的替代方案。舉例來說，如果泰德當初是真的對寫作有熱情，或是真的懷抱開烘焙坊的夢想，從研究所休學也許就不會是一個錯誤。

至於面對咄咄逼人的伴侶或同事時，與其反射性地叛逆或心懷芥蒂地相處，不如暫停一下，並自問，對方的要求是否公平且合理？如果確實如此，請**選擇**照著做；假如並非如此，你可以選擇拒絕，或者當作幫個忙，並且讓對方知道你期望有所回報。接著在適當時機來臨時向對方解釋，如果有人命令你做某件事，你就無法出於自由意志選擇這麼做了。就像我有個患者對她丈夫說的：「我是大人了，我不想因爲恐懼或受到威脅而行動。」

反抗有時是值得讚賞、甚至是有勇氣的行爲，但如果你是以「爲自己發聲」爲名，行扯自己後腿之實，這樣的滿足感無法長久。

“

實用啟示——

沒有人會厭惡自願選擇要做的事。

”

自我改善練習

- 他人對你施加壓力時，請暫停一下，並自問，對方的要求是否公平且合理？
- 客觀分析對方促使你去做的事對你來說是否有道理。
- 自問：「如果對方的意見變了，或是他明天突然消失了，我是不是還會依照對方原本的期望行動？」剛開始你可能會想不出答案，但如果繼續就這些方面去思考，你最深層的渴望終究會浮現。
- 如果你的渴望正好和對方的期望一致，請轉換心態，讓自己主動選擇這個方案。如此一來，你就可以確定自己沒有受到任何人控制，並且成功保住了自尊。

18 在無人聆聽時發表意見

「說話就像彈奏豎琴，
把雙手放在琴弦上停止震動的重要性，
不亞於彈撥琴弦發出樂音。」
——奧利佛・溫德爾・霍姆斯（Oliver Wendell Holmes）

我曾參加過一場令人印象深刻的研討會，因為有兩名講者形成非常強烈的對比。伯恩哈特醫師是極具魅力且懂得娛樂聽眾的講者，他知道如何和聽眾互動並激發他們的熱情；史密斯醫師則比較低調且深思熟慮，但並沒有引起特別熱烈的迴響。起初，與會者對吸引力十足的伯恩哈特盛讚不已，並對比較無趣的史密斯開起玩笑，然而最終卻是後者獲得了眾人的青睞。史密斯一直都很關注臺下的聽眾，會認真回答聽眾的問題，並聆聽他們的顧慮；伯恩哈特則只是用聽眾來襯托自己的例行工作。

兩者之間最明顯的差異，應該就屬這一點：伯恩哈特的每一節演講都超出時間限制，聽眾開始躁動時，他還會露出不滿的表情；史密斯則更能理解聽眾的需求，一注意到有人坐立不安，她就會建議先休息一下，因此她受歡迎的程度居高不下。

爲什麼會一直想說個不停？

究竟爲什麼有些人會在別人已經聽夠了之後，還繼續滔滔不絕？當我們亟需有人聆聽自己，對話通常會演進爲三個不同的階段：第一階段是努力交流資訊或表達看法，完成這個目標之後，其他需求就會浮現；在第二階段，主要的動機是緩解緊繃感，不停嘮叨的唯一目的就是讓自己好過一點，所以我們會一再重複或換種說法來表達自己已經說過的話，或者展開毫不相關的話題；進入第三階段後，我們會把話題轉向任何可能留住聽衆注意力的領域，就是爲了不讓聽衆離自己而去。簡而言之，談話的動機會從溝通需求，轉變爲緩解緊繃感的需求，最後再轉移到保有控制權的需求。

被捲入第二和第三階段的聽衆處境相當困難，他們必須不失禮地找到解脫方法；如果找不到，最後就只能任由自己的時間被浪費，陷入極度厭煩的狀態。而對過度熱中的講者來說，代價其實更高昂，因爲他不僅失去聽衆的尊重，甚至可能失去朋友。

壓力沉重或極爲興奮的時候，把感受和想法藏在自己心中的緊繃感會上升。對多數人而言，說出口的感覺實在太棒了，以至於會一時忘了禮節。我們會把對話變成獨白，誇誇其談，無法克制自己不要變得令人厭煩或無禮。

「無話可說的人若能克制不對顯而易見的事實滔滔不絕，願上帝祝福他。」

——喬治・艾略特（George Eliot）

沒人想聽的後果

如果你有上述傾向，請試著注意自己處於哪個對話階段，並且趕在進入惱人的第二階段或失禮的第三階段之前踩下煞車。請觀察對方的肢體語言，如果對方坐立難安或偷瞄手錶，又或者眼神變得較不專注，他可能已經在想辦法用禮貌的方式打斷你。你可能出於一時衝動，想要用盡任何可能的方式來留住對方的注意力，但像綁架一般地控制他人的注意力，就是一種自我挫敗行爲。

你必須判斷繼續這種做法所得到的寬慰是否值得付出代價。那麼，代價是什麼呢？對方可能會無心關注你，或是找理由打斷你，而最後你會覺得自己很尷尬、愚蠢或變得更糟。如果你太常揮霍自己的受歡迎程度，一定會發現大家開始忽略你、「忘記」回電給你，並且把你排除在聚會之外。

除非你對得到立即愉悅感的需求大於對朋友的需求，否則請學著自我控制。請記得，**不強迫他人超出負荷地聆聽，你就能贏得對方的感謝和仰慕**；但如果你把對方當成舒緩緊繃感的工具（第二階段），甚至試圖掌控對方的注意力（第三階段），就只能暫時拖住你的聽衆，但將來會永遠失去聽衆。

"
實用啓示——
當其他人不再認真聆聽，就別再滔滔不絕。
"

自我改善練習

- 想判斷自己是否在長篇大論時，觀察對方的肢體語言。
- 當你注意到對方有靜不下心的跡象，自問你寧可有哪一種感受：因為沒有充分表達自己展開的話題而感到沮喪，或是在無人聆聽時發表意見而覺得受到羞辱。
- 盡可能快速結束自己的談話。
- 邀請對方提出想法和評論。將你的獨白變成雙方對話，就比較有可能延續自己的受歡迎程度，而不是將之消耗殆盡。

19 在低潮時假裝自己很好

「大膽地誠實以對：沒有任何情況會需要用謊言面對。錯誤最需要謊言，因為錯誤正是由此變為兩倍。」
——喬治・赫伯特（George Herbert）

四十三歲的約翰在一家五金行擔任經理，他和我談到父母即將來訪的事，於是我問他是否期待看到父母。

「應該還好吧。」他說。

「你聽起來沒什麼把握。」我答道。

「嗯……他們老是在鬥嘴，還會批評我做的每一件事。不過他們已經快要八十歲了，所以既然他們到現在還很健康，我應該算是很幸運吧。」

我進一步追問約翰眞正的感受，結果他坦承自己無法忍受父母來訪。「這讓我累壞了。」他說，「沒有人眞的喜歡這樣，就連他們也是。」

約翰常見的反應方式是進入悶悶不樂又煩躁的沉默狀態，這時他的雙親會問：「怎麼了嗎？」約翰則會回答：「沒事，沒事，我很好。」在大部分情況下，他甚至無法對自己承認有哪裡不對勁。

誠實面對自己的感受

這種拒絕承認的心態很常見。對自己坦承你很難過或痛苦，會讓你覺得自己毫無防備，你也擔心承認負面感受會讓感受更強烈，讓痛苦加劇，而你可能會無法承受。事實上，眞正的情況正好相反：**正視自己的感受可以釋放累積的緊繃感，因此你會感覺比較好，而不是更糟**。

你可能也會擔心自己沒辦法在不責怪他人的情形下說出「我很難過」，因爲這樣一來就一定得報復；或者，如果你是責怪自己，就會因此感到羞愧。你甚至可能會被迫採取行動，而且一想到可能的發展就害怕：「萬一我沒有能力和智慧讓情況好轉該怎麼辦？」你更會猜想：「萬一我必須冒險該怎麼辦？」所以，比較簡單的做法顯然是打從一開始就不承認自己狀態不好，以免陷入上述情況。

就如同我告訴約翰的，一定要了解**狀態良好**並不代表隨時都**感覺良好**，而是意味著可以不否認、不自我欺騙或不壓抑地去體驗應有的感受。心理狀態健全的人可以感受到理應產生的情緒：生氣時，就會感受到憤怒；難過時，就會感受到悲傷。誠實面對自己的情緒，就是邁向感覺好轉的第一步。

此外，你也有必要了解，正視負面感受不代表你一定得想辦法處理這些感受。事實上，告訴自己你很難過之後，反而會消除你對採取行動的需求，你也因此不會有衝動想採取突然、急遽的行動，畢竟這可能會讓事態惡化。

我建議約翰，當父母開始針對他時，他應該對自己說：「我討厭這種感覺。」他看起來一臉疑惑，但同意試試看。

下一次來就診時，他說：「我一告訴自己『我討厭這種感覺』，就覺得鬆了一口氣。」他變得能夠忍受父母，而且不再煩躁或沉默——即使父母繼續惹惱他，他也不會大發雷霆。

想當然，你必須先對自己坦承有負面情緒，才能向他人坦承這一點。如果你試圖隱藏自己的煩惱，可能就會對真正能提供幫助的人避不見面或撒謊。此外，掩蓋實情不僅會讓你無法獲得協助，還會造成惡性循環：你會因此變得焦慮又有防備心，你身邊的人則會開始感到煩躁，於是你會覺得情緒更加惡化，因爲你不知道爲何當自己感覺如此糟糕，其他人還會對你感到不滿。

坦承自己狀態不好需要一種信念上的飛躍，你不要想太多，相信就是了，然後放手一搏。你必須相信，比起壓抑和逃避造成的長期後果，正視自身感受所帶來的暫時不適才是更理想的選擇。這樣的信念能帶給你勇氣堅持下去，直到你可以眞正讓狀態好轉。

“

實用啓示——

必須先坦承自己感覺不好，才能讓狀態好轉。

”

自我改善練習

- 下次出現不好的感受時，先在心裡承認那個不適。單是這個簡單的行動就足以讓你冷靜下來，也有助於防止你衝動行事。
- 為那個感受命名，這麼做可以讓它沒那麼有威脅力，也比較容易控管。只要說得出感受的名稱，就能馴服你的感受。
- 盡可能精準地命名。剛開始也許可以說「我很難過」，但「我很喪氣」或「我覺得好絕望」這類說法會比較精確。
- 如果你決定讓其他人知道自己感覺很糟，請清楚描述**感受的程度**。你可以這麼說：「我難過到想要＿＿＿＿＿。」這樣的舉例可以呈現出你的感覺，而不只是在訴說感受，因此比較有助於他人理解；而對方也會比較專心聆聽，可能還會表現出你需要的同理心。

20

發現自己有沉迷或強迫傾向

「我被強迫症的鐵手緊緊束縛，
就是那黑暗反常的衝動，
督促女性在半夜打掃房子。」
——詹姆斯・瑟伯（James Thurber）

「需要不等於別無選擇。」
——佚名

有時當我們感受到壓力，會覺得自己已經無路可退，彷彿隨時都可能失控。這時爲了避免慘劇發生，大腦會重新引導我們的注意力，於是我們會把焦點放在看似可以控制的事物上。然而，如果上述防禦機制太過極端，就可能導致沉迷或強迫傾向。諷刺的是，這類傾向會發展出自己的生命，難以控制，讓我們覺得更加無能爲力。

沉迷及強迫傾向的模式

沉迷傾向指的是無意識地試圖將某種難以忍受的感覺轉換爲某種想法。你會一再重複那種思考模式來轉移大腦的注意力，直到不適感消失。但這麼做的效果很類似原地踏步：浪費了大量精力，最後卻哪裡都去不了。

沉迷傾向無一例外地會隨著時間變嚴重，達到一定程度之後，心理能量便會從想法流向行爲，造成的結果就是一般所說的強迫傾向。

舉例來說，有個小孩在百貨公司走丟了，由於突然孤身一人又無人保護的恐懼實在太難以忍受，他把注意力全放在自己磨壞的鞋子上，試圖在媽媽找到自己之前盡可能避免恐懼感襲來。如果這種沉迷傾向持續累積，以至於小孩不得不採取行動，他就會開始不由自主地擦拭自己的鞋子。

大多數人其實都很熟悉這類模式的衆多大人版本：自覺失敗的人沉迷於快速

致富，最後演變成不由自主的賭博行為；自覺醜陋的人執著於家的外觀，結果發展成不由自主的布置行為；內心空虛的人不停尋找填滿自己的方法，於是出現不由自主的飲食行為。

破解關鍵：正視你的痛苦或恐懼

破解沉迷或強迫傾向的關鍵，在於正視引發這類傾向的痛苦或恐懼。逃避根本問題的時間越長，你越會覺得無能為力，沉迷或強迫傾向也會變得越嚴重。最有效的方法就是**以相反順序回溯整個過程**。首先，你必須停止強迫行為，不論是洗手、打掃、和高風險伴侶發生性行為等等。這也許不太容易，還可能引起類似戒斷症狀的焦慮感，畢竟就某個層面而言，強迫傾向就是對不正常的應對機制成癮。

停止自己的強迫行為之後，你的系統就會退回前一個階段：強迫性思考，亦即沉迷於某種思考模式中。由於這種沉迷再也沒有辦法透過行為宣洩，就會越演越烈，最終達到某個程度之後，你不得不去注意最初引發上述模式的核心感受。

如果你鼓起勇氣回溯這整個過程，也許就能看清自己一直在逃避的痛苦或恐懼。

接著來看看我在執業時遇到的兩個案例。

喬伊是航太產業的工程師，對自己的電腦檔案非常執著，他認爲這些檔案隨時都有被病毒摧毀的危險，因此不停地安裝防毒程式和建立精密的系統來保護檔案，這種強迫傾向嚴重到他花在防護電腦的時間比工作時間還要長。在我的要求下，喬伊答應隔天早上會停止上述行爲，他也確實做到了，卻無法停止想著病毒的威脅，於是離開工作崗位來找我看診。後來我協助喬伊探索他眞正的恐懼：由於他所在的產業有隨時被資遣的風險，他很擔心會失去工作；而在這層恐懼之下，他眞正害怕的是步上父親的後塵，也就是在被開除並失去長久以來的工作後，被強制送進精神科醫院。看清自己的恐懼和焦慮之後，喬伊便能主動採取行動來提升自己在公司的價値，而不是繼續那些無意義的沉迷和強迫行爲。

艾琳是單親媽媽，爲了扶養孩子必須長時間工作，因此在週末她出於補償心理，會強迫性地安排各種家庭活動，結果孩子們開始反抗她施加的壓力，只想隨時都能自己玩。我說服艾琳在接下來的週末不要安排任何計畫，而隨著週五越來越近，她也越來越焦躁不安，直到她終於正視自己的核心問題：艾琳害怕自己像親生母親一樣，沒有能力對所愛的人投入眞誠的情感。坦承並面對「擔心自己在情感層面不夠關心孩子」的恐懼之後，艾琳開始能夠採取行動來減少對孩子的執著，並且增加自己與孩子的互動。

擺脫沉迷和隨之而來的強迫傾向並不容易，尤其是行爲模式已經根深柢固之後。然而，你可以、也必須這麼做，才能掌控自己的人生，而不是被人生控制。

“

實用啓示——

沉迷和強迫傾向可以幫助你逃避痛苦和恐懼，

但沒有辦法幫助你克服。

”

自我改善練習

- 列出一直在你腦中卻沒有促成建設性行動的各種想法，藉此辨識出你的沉迷傾向。
- 列出可以讓你暫時感到放鬆，但之後會引發愧疚感或造成其他問題的行為，藉此辨識出你的強迫傾向。
- 對自己承諾，下一次你即將陷入上述想法或行為時，你會阻止自己。
- 如果單靠自己中斷強迫行為對你來說太困難，請向心理治療師、牧師或好友尋求協助。這個階段十分需要一個與你站在同一陣線又值得信任的人。
- 如果你發現自己不小心表現出該停止的行為，請對自己說：「噢，我忘了，我已經不會再這麼做了。」這樣簡單的一句話可以提醒你，你已經承諾不再從事這種自我毀滅的行為。
- 停止強迫行為之後，你會感覺到緊繃感上升。請覺察自己的生理和情緒感受，並自問：「我現在感受到什麼，又是在什麼地方感受到的？」

- 辨識出自己的感受之後，請完成下列句子：
  「當我有這種感受時，會很想要＿＿＿＿。」
  「如果我這麼做，後果會是＿＿＿＿。」
  「比較好的做法應該是＿＿＿＿。」
- 每當你成功對抗沉迷或強迫傾向，請獎勵自己。到最後，覺得自己不再受制於沉迷或強迫傾向，對你來說就是最大的獎賞了。

請注意：本章提到的沉迷或強迫傾向不應該和強迫症混爲一談，後者是很嚴重的心理狀況，通常需要接受治療。

21

讓事情太往心裡去，覺得是在針對你

「人們粗魯無禮時並非針對你，而是針對他們遇過的所有人。」

——法蘭西斯・史考特・費茲傑羅（F. Scott Fitzgerald）

「只因為任何一點微不足道的輕視，就倍感冒犯。」

——亞歷山大・波普

「有些冒犯是蓄意，有些則是無意卻被當真。」

——艾薩克・華爾頓（Izaak Walton）

「你們這群小鬼給我閉嘴！」四十三歲的勞資關係律師莫琳一面大吼，一面將手臂往後座伸，想要抓住離自己最近的手腕。這時，汽車突然轉向高速公路上的相鄰車道，只差幾英寸就要撞上迎面而來的卡車，驚險狀況讓所有小孩瞬間不再尖叫，但這場意外也差點讓他們失去性命。

莫琳因爲此事感到無比沮喪，在我的診間大肆發洩自我厭惡的情緒。「看看我，」她高聲說道，「可以和工會平起平坐的超級大律師竟然沒辦法在不讓他們有生命危險的情況下管好自己的小孩。」

我問起當對方律師攻擊她時，她會怎麼做。「我會試著不放在心上。」她答道，「如果我讓對方攻擊得逞，就會沒辦法清楚思考。」

正確答案。莫琳意識到自己在車裡的反應就好像小孩是故意調皮搗蛋來激怒她。她把孩子的行爲當作一種對自己的人身攻擊，然而孩子們只不過是要釋放坐在教室一整天之後累積的精力。我建議莫琳，如果之後再發生這樣的情況，她應該嚴肅看待，但要避免太往心裡去。

太往心裡去指的是**認爲特定言詞或行爲背後的意圖就是爲了傷害自己**。舉例來說，你可能會把出於好意的指正當作批評，把意見不合當作貶低，或是把對第三方的中立評論當作針對自己的侮辱。例如，遇到瓶頸的作家聽見妻子提到出道不久的小說家剛簽下大合約，作家丈夫變得怒不可遏，因爲他覺得妻子是在暗示「你很失敗」，然而事實上，妻子是覺得像丈夫這麼有才氣的人，理應獲得相同的待遇。

太往心裡去帶來的負面影響

誤解他人眞正的意圖很有可能會摧毀一段關係，你並沒有深入思考然後適當應對，只是單純做出反應，要不是反擊，就是變得處處防備、悶悶不樂或暴躁任性。這類反應不僅會讓你的顧慮失去正當性，更會破壞他人對你合理的不滿所做出的反應，而且最後當你看清自己的所作所爲，只會因此感到羞愧。

讓事情太往心裡去也不利於發展事業。以醫療用品公司的創辦人和經營者喬安娜爲例，在一場重要會議中，當她在協助銷售團隊了解新系列產品時，名叫提姆的業務毫不遮掩地打了個哈欠。對喬安娜來說，提姆是自己雇用並提攜的後進，因此這個哈欠感覺就像是打在她臉上的一巴掌，是公開表示不尊重的行爲。於是，喬安娜當場開除他，提姆則提出非法解雇訴訟來反擊。最後直到被判決賠償，喬安娜才發現，原來提姆是公司內最辛勤工作的業務，由於長期加班，他的哈欠其實是出於疲勞而非不敬。爲了負起責任，喬安娜爲自己的錯誤道歉，並重新雇用提姆。

太往心裡去，覺得別人都針對你，可能會導致你憤怒又尷尬，也可能導致你變得冷酷無情。有數量多到令人驚訝的男性對我說，他們和妻子分居是因爲對一再出現的冒犯太過憤怒，以至於擔心自己可能會出現暴力行爲；有些人則是對自己的憤怒感到震驚，以至於興趣全失，把自己的情感和關注從最想要給予的對象身上收回——不幸的是，在眾多這類案例中，痛苦其實是源於原本就不該被放在心上的行爲。當你學會嚴肅看待事情，而不是往心裡去，不僅可以讓自己冷靜下來，更能再次對自己曾經感到生氣的對象重拾好感。

“

實用啟示——

嚴肅看待事情，而不是往心裡去。

”

自我改善練習

- 當某人的行為讓你感到不快，請自問你是否做過什麼事，導致對方表現出這樣的行為。
- 若確實如此，最好盡早坦承錯誤。請向對方道歉，並承諾下一次會改進。
- 如果你並沒有做出任何會導致對方行為的事，請自問對方是不是也用相同的方式對待其他人。如果確實如此，不要認為這是針對自己。
- 你有三個選擇：想辦法變得更包容；停損並結束這段關係；明確表達自己的感受，並希望對方停止做出冒犯行為。
- 切記，不讓事情太往心裡去不等於甘受侮辱，而是深思熟慮後，再採取行動。

22 表現得過度依賴

「人人都需要神。」

——荷馬（Homer）

每個人都有需要其他人的時候，但是當這種需求毫無節制、無法抑制，甚至惡化到讓他人覺得自己被利用，就會變成一種自我挫敗行爲。

如果你表現出太過依賴的樣子，其他人就會認爲你很貪婪，覺得你要不是想得到比應有的還多，就是想得到比自己能回報的還多。其實，問題不在於要求太多有形的照顧或物質上的協助，雖然這些也可能是部分原因，但眞正讓他人反感的關鍵是**情緒層面**的依賴。

「依賴他人餐桌上施捨的人，

通常只能延後用餐。」

——約翰・雷（John Ray）

如果過度依賴是你平常的一貫手法，你會期待他人肯定你、安慰你、鞏固你的價值。然而，大多數人都沒有能力給予這麼多，除非他們是聖人，認爲美德本身就是一種回報，否則一旦感覺到自己好心的付出像是義務，他們遲早都會離開。最後，他們會心生厭惡，並且不願與你連絡。

有些最依賴成性的人則是會表現出完全相反的行爲，他們會試圖控制自己的依賴傾向，並刻意表現出獨立的樣子。比較驕傲的人會裝作自己什麼都不需要，而在外人看來，他們顯得傲慢或瞧不起人，同時也令人惱怒，因爲他們會讓其他人覺得自己很多餘，也許還會因爲自己有一些需求而感到羞愧。和這類完全沒有依賴行爲的人建立人際關係非常困難，因爲他們會否決任何我們能給予的機會，然而大多數人衡量自身價值的其中一種方法，就是根據我們給予他人有價值事物的能力。

另一種不表現出依賴行爲的形式，就是裝成犧牲者。僞裝的犧牲者很容易激怒人，因爲如果你爲他們付出，他們會讓你覺得自己不該這麼做，然後就在你被說服他們不需要任何東西時，他們又提出重大要求。如果你沒有完成要求，他們會表現出受傷的樣子，並刻意強調他們爲你做過的一切，要是你試圖補償，他們會說：「不要讓我欠人情。」最後，他們身邊的人會受夠這些混亂的說詞，並且不再努力釐清這些僞犧牲者究竟需要什麼。

依賴源於不安全感

依賴傾向通常源於童年的不安全感轉變爲成人時期對無法獨立自主的恐懼，其他人被視爲拯救自己的人。其挑戰在於接受不安全感和恐懼是人人都必須面對的課題，然後繼續往前邁進。

然而在許多案例中，最大的問題不在於依賴成性，而是**表現出依賴成性的樣子**。有些人會表現得比實際上還要依賴，如果你發現自己有這種傾向，請試著改成讓自己看起來是「**有適度需求**」。有適度需求的人會表達合理程度的需求，而其他人願意幫忙就是因爲這類人的需求都合情合理，獲得協助後還會表示感謝和回報的意願；就算要求無法被滿足，他們還是會想辦法接受現況，也不會因此怨恨他人。

有適度需求的人會提出請求，過度依賴的人則是提出要求；有適度需求的人會真心願意接受他人的協助，過度依賴的人則是完全仰賴他人；有適度需求的人會真心感謝，過度依賴的人則會利用感謝來引誘他人繼續付出。如果你表現得過度依賴，別人會認爲你只接受不付出，而面對這樣的人實在難以一直付出；但如果你是適度表達需求，他人就會認爲你是在請求應得的協助，而不是貪婪，因此極有可能答應你的請求。

“

實用啓示——

過度依賴會引發他人的厭惡，

毫不依賴會引發他人的沮喪，

有適度需求則能讓他人伸出援手。

”

自我改善練習

- 了解到如果自己要求太多，其他人也許一開始會滿足你的需求，但很快就會開始厭惡你。
- 了解到如果自己表現得**不需要**任何事物，其他人就無法為你付出，導致他們感到沮喪。
- 請學習清楚表達自己希望從他人身上得到的協助，同時要避免聽起來像在要求對方。
- 確保他人清楚知道你願意回報，如果對方有需要你就會提供協助。
- 獲得所需的事物之後，請展現出真誠的謝意。
- 請做好心理準備接受拒絕，而不要感到沮喪或記仇。

23 抱持不切實際的期待

「抱持最大希望去期待，
通常只會落得一場空。」
——莎士比亞

梅可辛爲了一個看似合理的目標來向我尋求協助：和前夫復合。她說基於幾個絕佳的理由，這次的婚姻肯定會像美夢成眞一樣順利（儘管他們的初次嘗試簡直是惡夢一場），畢竟她知道以前問題出在哪裡，也知道自己和前夫究竟該做些什麼來修補關係。

我幫助過不少分道揚鑣的夫妻再度成爲佳偶，因此判斷梅可辛對復合的態度相當合理。然而，一直到我問起她前夫的態度，才發現她有多麼不切實際——她的前夫已經再婚，而且是兩個孩子的父親。

梅可辛把自己的期望誤解成必須滿足的需求，而且即使目標已成白日夢，她的態度依然如此。她不僅讓自己陷入絕望，更任由自己的幻想消耗時間和精力，而她原本可以用這些時間和精力來改善生活，或是發展一段**眞正**的親密關係。

抱持不切實際的期待，會無法接受失敗

根據我的經驗，我們大多數的期望都算是合情合理，然而這些期望未必實際。在中年展開新職涯很合理，但期望過程很輕鬆或很快能取得成功就是不切實際；期望朋友理解你的感受很合理，但如果對方是非常重視分析和解決方案的人，這就是不切實際的期待。

人如果習慣性選擇不切實際的目標，就會讓一廂情願的想法凌駕於常識之上。在這類人的心中，只要是自己想追求的目標，就一定是有可能達成的目標。他們喜歡有巨大報酬的賭注，但可能需要賭城的莊家來幫忙計算賠率，因爲他們無法實際衡量自己是否有才能、資源和知識來實現夢想，以及判斷眼前的狀況是否有利；更糟的是，他們對自己的願景實在太過肯定，以至於無法制定出應急方

案，或是做好心理建設接受失敗。到最後，這類人不僅會面臨挫折，還會跌落回原點，有時甚至會落入更悽慘的處境，而每一次的損失又增加了快速自我肯定的需求，導致他們更容易受到希望渺茫的機會吸引。

「情感連結擅於製造假象，
唯有置身事外才能看清現實。」
——西蒙・韋伊（Simone Weil）

將期望程度設定爲「想要」「需要」或「必須得到」

當然，如果你是說到做到的人，懷抱遠大的夢想絕對沒有問題。有行動力和遠見的人之所以不同於懷抱白日夢的人，是因爲在以下幾個層面有所差異：這類人能夠享受追求目標的過程本身，而不只是成果；他們深知就算自己一敗塗地，也能再站起來；他們清楚知道成功的機率，也準備好接受可能的失敗。我認識一位極爲成功的創業家，他在好幾次冒險的嘗試中取得勝利，儘管他總是投入高風險的計畫，但對於潛在的可能性並沒有抱持絲毫幻想，而是在財務和情緒層面都做足準備，讓自己面臨失敗時不至於感到絕望。

如果你打算冒險，重要的不只有達到目標所需的資源，你還必須確保自己能夠**面對失敗**。無法得到**想要**的事物會讓你感到失望；無法得到你**需要**的事物會讓你感到沮喪；無法得到**必須得到**的事物，則會讓你感到絕望。

我會鼓勵患者先評估自己的目標是否實際，接著再合理設定自己的期望。如果你的目標不切實際，請不要用「必須得到」的態度去追求，比較保險的做法是採取需要或想要的態度。面對親密關係尤其如此，一般而言，由於他人總是太難以預測，最好能將自己的期望設定在「想要」。

如果你用很有把握的態度看待希望渺茫的機會，想當然你最後會感到失望；但如果你能清楚分辨希望渺茫和極有把握的機會，就有很大的機率能在人生中得到應有的一切。

“
實用啟示——
合理不等於實際。
”

自我改善練習

- 下一次想追求某個目標時，請自問實現的可能性有多少。
- 列出達成目標所需的一切條件。
- 客觀地自我審視，並評估自己是否有能力達到必要條件。
- 用一到十分來評估你的目標，一分代表完全不切實際，十分則代表一定會成功，而分數越低，就越有必要建立可執行的備案計畫。
- 根據目標的實際程度，將你的期望程度設定在「想要」「需要」或「必須得到」。

•面對希望渺茫的機會時，試著避免抱持「必須得到」的態度，除非你已經準備好陷入絕望的心境。

24 試圖顧及所有人

「彌補疏忽比加速培養感情容易。」
——聖傑羅姆（Saint Jerome）

每當我覺得把自己操得太凶，都會想起在加州的威尼斯耍電鋸的街頭藝人。當他從空中接住每一把快速運轉的電鋸，那強大的專注力讓我驚歎不已，因爲只要稍有閃神，他很可能就會失去一隻手臂。

我就像雜耍藝人一樣，必須全神貫注在自己扮演的每一種角色：丈夫、父親、兒子、兄弟、心理醫師、朋友、教師。不過就某方面而言，我的任務其實更加困難，因爲街頭藝人要的是電鋸，我要應付的則是人。由於我扮演的每一種角色都很重要，能分配到各個角色的時間卻有限，因此我必須確保自己關心的每一個人都不會覺得被忽視。

對忙碌的人而言，試圖照顧到每個人的需求其實是自我挫敗的行為，因爲通常到最後誰都沒有被照顧到，就連自己也不例外。如果你讓自己分身乏術，不僅會有過勞的風險，還有可能必須承擔他人的鄙視和憤怒，因爲他們期待你在身邊。

「事實就是美國人並非體貼的民族，
他們太忙於停下來質疑自己的價值。」
——威廉・拉爾夫（William Ralph）

關鍵在於當你陪伴他人時，要讓對方**覺得自己受重視**。在我認識的衆多大忙人之中，把自己的各種角色扮演得最好的一群，就是那些**能全心投入每一項活動和每一個對象身上的人**。在辦公室，他們全神貫注在工作上；回到家，辦公室就是過去式，他們會專注於扮演好伴侶和父母的角色；面對母親、上司或會計師，他們會徹底化身爲成年的孩子、員工或客戶。各個領域的界線分明，而且大多數時候沒有人覺得自己被虧待。

我之所以說「大多數時候」，是因爲大忙人的人生中總有一些時期，會讓自己所愛的人覺得被虧待。出現這種情況時，我會建議忙碌的人告訴對方：「你是我最重視的伴侶。你們是我最重視的孩子。這是我最重視的一段職涯。而我是我最重視的自己。如果我讓你覺得沒有受到重視，那是我的疏忽。我很抱歉，但請理解我人生中的每一個部分都很重要。」

採取主動態度，表現出你的重視

話雖如此，除了解釋之外，你必須有其他作爲，畢竟唯有透過行動，才有辦法展現你對某人的重視。例如，假設你沒有遵守承諾，再多的安慰之詞也無法讓你的孩子或伴侶感覺被珍惜。此外，一定要主動而不只是被動反應。當你只會遵照他人的要求，對方並不會覺得自己受到重視，因此你應該主動實現承諾。答應出席孩子的足球賽是一回事，但不需要提醒就主動表示「你的大比賽快到了，對吧？我已經等不及要去看了」，則是另一回事。

如果你能讓他人覺得備受重視，對方就不會覺得你沒有花時間在他身上。不過，請務必記住下列事項：首先，請注意避免太過平分你的時間，以免所有人都覺得自己被虧待，畢竟有些人確實比其他人重要，請務必讓對方知道這一點；第二，你自己也很重要，所以把時間花在自己身上時不必感到愧疚；第三，只要每個人都衷心努力做到公平，你和身邊的人就可以為彼此省下不少麻煩。考量到這個社會的建構方式，我們投注在特定事物上的時間，通常和我們賦予這些事物的價值沒有直接關連。

就物理層面而言，應付身邊的人也許不像耍電鋸一樣危險，但其中的風險也不可小覷。要是太大意，雖然你不會失去一隻手臂，但可能會失去一段重要的關係。不過，只要讓對方覺得受到重視，你就能放心和任何人維持良好的關係。

“

實用啟示——

任何事都會相互爭奪時間，

但不該有任何人被迫去爭奪重要性。

”

自我改善練習

向身邊的人證明你有多重視對方的方法之一，就是落實三個C：

- **關心**（Concern）。讓對方盡情表達憂慮、恐懼和沮喪，並且避免打斷或催促對方。
- **好奇心**（Curiosity）。在對方開口要求之前就主動展現興趣。「今天過得好嗎？」沒有透露出太多興趣，「那場會議怎麼樣？」則表示你有注意到、也關心對方生活中的細節。
- **信心**（Confidence）。表現出對對方的尊重，並且信任他處理問題的能力。與其急著提供建議，不如先提出這類問題：「你接下來會怎麼做？」或「你什麼時候會讓他們知道你的決定？」

25 拒絕「照著遊戲規則走」

「當造物主在你的姓名旁寫下結果——
祂記錄的並非輸贏，而是你怎麼玩。」
——格蘭特蘭德·賴斯（Grantland Rice）

「玩遊戲時有兩種樂趣——
一種是勝利，另一種是落敗。」
——拜倫勳爵（Lord Byron）

經常有人對我抱怨伴侶、家人和生意夥伴之間的遊戲規則。有時他們拒絕照著遊戲規則走，是因為有明確的道德規範讓他們無法接受，或是因為被操弄的感覺讓他們感到不快；然而在大部分情況下，這類人拒絕參與的理由其實沒那麼冠冕堂皇，而且也不認爲自己有資格得到遊戲的獎勵。他們自欺欺人地認爲自己「高於」遊戲規則，或是遊戲的目標對他們而言不重要，然而實際上他們眞正擔心的是，就算自己想要參與，也沒有能力照著遊戲規則走。

只要有人老是說「我沒辦法忍受照著遊戲規則走」，通常我都可以證明這個人其實是不擅長這麼做。在化學產業擔任業務的貝絲就是個明顯的例子，儘管她很有能力且衝勁十足，卻從未達到自己理想中的成就。對於已經站上理想位置的同儕，貝絲總是語帶嘲笑地說：「他們就是很懂遊戲規則嘛，會閒聊、會討好，還會去該去的派對。我沒辦法這樣假惺惺，不然我早就爬得和他們一樣高了。」

貝絲裝出超脫這一切的樣子，實際上她就是個局外人。她是受過正規教育的化學專業人士，進入業務團隊是因爲將來的加薪幅度較大，結果卻發現科學專業背景並不夠。貝絲不擅長社交，其他人與她相處時會感到尷尬，但是她並沒有去學習可以讓商業往來更順暢的社交技巧，而是擺出自以爲是的態度，導致他人更難以接近自己。

「人生是一場不得不參與的遊戲。」

——愛德溫・阿靈頓・羅賓森（Edwin Arlington Robinson）

搞清楚遊戲規則，再決定要不要參與

有些遊戲規則顯然不值得遵守，例如有些是意圖傷害他人，有些會要求參與者欺騙、作弊或互相傷害，有些則是必須爲落敗付出過度慘痛的代價。參與這類遊戲通常只會傷害你的自尊或名聲，你不僅會損失朋友並淪爲無關緊要的人，還有可能變得疑神疑鬼，暗自覺得既然自己有耍手段，其他人很有可能也在對你做同樣的事。總有一天，你充滿罪惡感的良心會要求你做出補償。

話雖如此，很多遊戲規則非但不會造成傷害，反而值得重視，並有助於改善人生。這類規則絕非冰冷無情的限制，而是表達細膩心思的方式。我所知最好的例子應該就屬愛瑞絲和亨利・麥卡弗兩人五十五年婚姻的遊戲規則。當亨利因爲病危躺在醫院病床上動彈不得，必須依賴嗎啡點滴來減輕疼痛感，愛瑞絲一直陪在他身旁。有一次，她輕柔地觸碰丈夫的手背，並且輕聲說道：「我有事要對你坦白。這麼多年來我一直為你瘋狂不已，一直都想得到你，但是我把自己裝成很難追到的樣子，因為我知道你有多愛這種追求的遊戲。」

亨利擠出僅存的力氣，微笑著說：「這就是我愛你的其中一點。」

即使是最堅守誠實價值的人，也能看出他們兩人之間的小遊戲有多麼美好。

說到底，**真正重要的並不是你的輸贏，而是遊戲本身值不值得玩**。如果有遊戲規則是以不公平的方式利用他人，就很有可能驗證「一報還一報」的說法。真正值得參與的遊戲是利用機會而不是利用人，同時有明確且公平的規則，而且不會是零和遊戲——意思就是，勝利並非建立在他人的落敗上。

實用啓示——

“在遊戲中，最佳的防禦就是精通遊戲規則。”

自我改善練習

- 當你發現自己在猶豫是否該照著遊戲規則走，請先判斷你是真的不想參與，還是因為不知道該怎麼做。
- 如果你是真的不想參與，請自問原因是什麼。如果答案可以說服自己，就不必參與。
- 如果你決定參與，請研究該怎麼做才能在遊戲中占上風，其中一種方法是深入了解其他贏家的做法。
- 精通遊戲規則。不論是人際關係或體制層面的遊戲，規則通常都很隱晦，釐清規則就已經贏了一半。
- 明白自己的能耐。你具備在遊戲中占上風應有的條件嗎？
- 了解其他參與者。誰是你的對手？誰是你的盟友？誰又是你可以信任的人？
- 學會保持冷靜。很多時候，落敗的原因在於參與者遇到意外狀況時會變得緊張。請善用適時暫停的藝術，來讓自己保持清醒並隨機應變。

• 明白自己的極限。是否有部分的遊戲規則會損害你的尊嚴，程度嚴重到你必須退出？

26

爲讓他人留下好印象而矯揉造作

「最重要者：萬勿自欺。
如黑夜追隨白日般奉行，
如此，你也不會欺詐於任何人。」
——莎士比亞

「看來我又要陷入一段又愛又恨的關係了。」凱蘿這麼說，「你懂的，就是我愛他卻恨自己的那種。」

值得讚賞的是，凱蘿即使經歷過一連串的感情災難，還是有一點幽默感。凱蘿從小被教育要溫和並順從他人，結果她結婚的對象是個只在乎自己的控制狂。離婚之後，她發現自己的約會對象根本和前夫如出一轍。「他們對我感興趣的部分，就只有我對他們展現了多少興趣。」凱蘿這麼說。三十四歲的她是很成功的攝影師，她決心要找到可以和自己一樣習慣付出關心的男性。

最近凱蘿遇到了一位有好感的男士，但他們第一次約會時，她卻發現自己又陷入相同的模式：保羅大部分時間都在談論自己，兩人的事都是由他做決定，凱蘿則退縮了，沒有談到自己的工作，也沒有發表自己的看法，而是順從保羅提出的任何建議。

「背叛我們的，正是自己隱藏的缺點。」

——喬治・梅瑞狄斯（George Meredith）

我們都和凱蘿一樣，總是在一段感情剛開始時試圖表現出最好的一面。因爲想要被接納，我們會注意自己的行爲舉止，努力避免冒犯對方，並且隱藏自己的缺點和弱點。男性通常會營造出有能力的形象，同時掩飾自己的依賴性和占有欲；他們也許會用感性來描述自己，卻鮮少有人會眞的展現出自己脆弱的一面，因爲這麼做等於承認自己可能會受傷，而在男性眼中這就是軟弱的表現。相對地，女性則傾向對自己的強項和成就輕描淡寫，以免讓男性覺得受威脅；女性也比較不敢展現咄咄逼人或沒有安全感的一面，因爲她們知道這些特質可能會讓男性失去興趣，所以大多數女性會像凱蘿一樣，努力營造出體貼又好相處的形象。

應該讓對方喜歡的是眞正的你

然而，每一段感情總會走到雙方都卸下防備的階段，隱藏的缺點、需求和不完美漸漸顯露；而這些黑暗面隱藏得越久，對雙方關係造成的衝擊就越強烈，毀滅力道也越大。

這個問題通常會因爲另一種形式的僞裝而更加惡化：在對方做出不貼心或傷害人的行爲時不表示任何意見。我們擔心如果自己試圖要對方負責任，會顯得咄咄逼人而讓對方想離開。不幸的是，如果我們沒有表示不贊同，這類令人無法接受的舉動就會變成習慣；而隨著不滿漸漸累積，最後我們會變得過度反應，接著就會看起來更加咄咄逼人、更暴躁且沒有包容心。

就如同我對凱蘿說的，**務必盡早在一段關係中展現眞實的自己**，否則對方會開始喜歡上根本不是你的那個你，最後只會引起更大的問題。親密感是建立在信任之上，如果你對對方的信任程度不足以讓你做自己，不僅你無法親近對方，對方也無法親近你。此外，生活在謊言之中的人通常會顯得軟弱，以凱蘿的例子而言，她想盡辦法要取悅的男性最終一定會不再尊重她，而她自己也是如此。

「現在，保羅喜歡的是你帶給他的感覺。」我告訴凱蘿，「但如果他喜歡的是眞正的你，你一定會感覺好很多。」我鼓勵她找到方法讓保羅明白，她並不是那種自我犧牲且願意容忍自我中心男性的女性，如果保羅無法接受，那他顯然不是對的人。

「我們能與伴侶立下的最崇高約定就是——『讓我們兩人之間永遠只有實話。』」

——拉爾夫・沃爾多・愛默生

結果，凱蘿的做法實在太有創意，讓我敬佩到難以忘懷。在第二次約會共進晚餐時，當保羅滔滔不絕地談著自己的事業，凱蘿露出神祕的微笑看著他，於是他好奇地問：「你在想什麼？」

「我只是想要看清你是不是混蛋。」凱蘿說，「如果你是，我們依舊可以當朋友，我只是想要一開始就講清楚。」

保羅安心地笑了。「看來我努力想要讓別人留下好印象的時候，看起來大概是超級自滿吧。」他說。

「沒關係，」凱蘿俏皮地說，「我有時候也滿難相處的。」

凱蘿異於常人的做法證明了她是個有自信的女性，不會輕易容忍傻子，這麼做引起了保羅的興趣，當然也贏得了他的尊重。保羅接著說：「嗯，這是個不錯的開始，我想要了解你的一切。」凱蘿的坦誠也有鼓勵保羅的正向效果，讓他可以放輕鬆，並且展現自己眞實的一面。

「事實難能可貴，

說出事實則愉悅無比。」

——艾蜜莉・狄金生（Emily Dickinson）

在對的時機說實話

下次當你發現自己在偽裝，問問自己爲什麼要和喜歡你偽裝的人在一起。不過，在你完全展現自我光采之前，務必了解到，如果在短時間內揭露太多，你可能會把對方嚇跑。我有個患者一遇到有吸引力的男性，就會大談特談自己的一切，並且列出一連串她對感情的要求，結果這些男性都覺得自己像在面試，而不是約會。

另一方面，如果你拖得太久，緊繃感會日漸累積，最後當你卸下偽裝時，對方很有可能會心生厭惡。作家馬克・吐溫（Mark Twain）的話相當有道理：「心中存疑時，說實話就對了。」但我敢肯定他也會同意，說實話就像喜劇一樣，時機是一切。

> **實用啓示——**
> 先展現自己真實的一面。

自我改善練習

- 在一段關係剛展開時就要做自己，何必和不喜歡真實的你的人交往呢？
- 誠實以對，但不要唐突失禮。表達自己的需求、願望或沮喪時，是在陳述你的感受，而不是在下命令或最後通牒。例如請這樣說：「每次你說我們需要談一談時，如果我說了你不想聽的話，你就會打斷我，這真的讓我很沮喪。」
- 分享自己的煩惱時，避免讓對方同情你，或是要對方負責解決你的問題。
- 談到自己引以為傲的事情時，避免顯得傲慢或自滿。
- 當你要對某人的行為表達不贊同時：

1. 請先用讚美掩飾你的不贊同。
2. 使用不帶批判性的字眼，例如：「發生某某狀況時，我很難過。」
3. 邀請對方分享因為你而不開心的例子。

- 展現出自己真實的一面之後，請保持下去，通常會需要十足的毅力才能養成隨時都坦誠的習慣。

27

羨慕他人

「讚揚有成就的朋友而不心懷羨慕之情，
是鮮少有人具備的特質。」
——艾斯奇勒斯（Aeschylus）

在史蒂芬·克萊恩（Stephen Crane）的經典小說中，主角對受傷軍人身上的「紅色英勇勳章」欽羨不已（譯注：《紅色英勇勳章》是史蒂芬·克萊恩創作的戰爭小說，以寫實風格爲人所知）。希望自己的身軀像這些在戰場上瀕臨死亡的人一樣受盡折磨，顯然是一種自我毀滅的想法；不過，羨慕他人的成功、運氣、姣好外貌或其他任何特質，也都可能是自我挫敗的行爲。

原因之一是羨慕會讓你感到羞愧。大多數人會以爲，其他人擁有我們想要的事物時，自己可以眞心祝福對方，但如果我們做不到——尤其是當我們發現自己竟暗暗希望對方達不到我們想追求的目標——我們就會厭惡自己的小心眼和自我中心。此外，執著於他人擁有而自己沒有的東西，可能會變成自我應驗的預言：這種心態不僅導致我們看輕自己，其他人也不會想要和總是感到匱乏的人親近或共事。最後一點，**羨慕會把滿足變得不滿足**，讓你感覺到匱乏的痛苦，即使你其實並沒有缺什麼。這種自覺不幸的感受可能會不斷放大，嚴重到你再也沒辦法感到富足、滿意或感恩，而這些都是幸福的必要條件，缺乏這些感受的人生絕對會索然無味。

和你羨慕的人來往

幸好，羨慕他人並不是絕症。在我的經驗中，克服這種心態最有效的方法就是：**你渴望什麼樣的事物，就要花時間和擁有這些事物的人相處**。表面上看來這似乎有點奇怪，和可以讓你有優越感，或是讓你覺得自己比較好運的人相處，不是比較不會產生羨慕的情緒嗎？沒錯，但這種做法只能提供一時的安慰，而我提出的方法卻能在兩大層面上帶來正面效果。

首先，在與自己羨慕的人來往的過程中，你會**有機會看到對方生活的全貌，而不只是你渴望的部分**。也許你會在對方身上發現自己從未想像過的缺點和弱點，或是疾病、悲慘的婚姻、疏離的孩子、眾多敵人等等。也許你還會發現，對方除了好命那一面之外，還必須面對你從未體驗過的挑戰和困難，你甚至可能會發現對方反而很羨慕你。

我在一次團體治療中親眼見到極有說服力的例子。在五名女性患者之中，有一位既富有又美麗的女士叫作琳達，儘管其他人試圖掩飾，但她們都對琳達羨慕不已，而這讓她感到不太自在。有一天，其中一位女士誇張地稱讚琳達的髮型，結果琳達說：「拿去，送給你吧。」接著就把假髮拆下來，拋給那個一臉震驚的仰慕者。原來，化療的副作用導致琳達失去一頭秀髮。就在那瞬間，那些希望自己是琳達的女士了解到，琳達其實希望自己擁有不同的人生。

「何謂富有？對已有的心滿意足。」

——《塔木德》（*The Talmud*）

應該與羨慕對象來往的第二個理由是**向對方學習**。羨慕就像鈾原子一樣，其中蘊含的能量可以轉化成具有毀滅性或建設性的力量。它可以讓你沮喪，或是激勵你；它可以讓你變成老是抱怨的人，或是一個競爭者。羨慕會導致你的內心出現裂口，一旦陷入其中，你就會繼續往下掉；但如果用建設性的行動填補裂口，羨慕之情就會成爲你的動力。

學習那些實際且可做到的特質

首先，你應該釐清自己必須具備哪些特質和採取哪些行動，才能獲得自己羨慕的事物。想當然，如果你羨慕的是繼承而來的財富、天生的亮麗外貌，或是純粹的好運（如中樂透），那麼努力可能沒什麼用，我建議你面對現實，畢竟遺傳和命運有時就是這麼不公平。但如果你羨慕的是在某個領域取得成功這類目標，請仔細研究已經實現的人，找出他們是用什麼方法成功的：他們擁有的哪些技能、訓練或個人特質是你可以習得的？他們抱持的哪些理念或價值觀是你可以實踐的？他們擬定的哪些計畫是你可以效法的？在我的經驗中，那些衆人欽羨的對象通常和大部分人沒有什麼不同，深入了解他們有助於你建立「我也做得到」的心態，而不只是覺得「我希望自己也有那樣的生活」。

把羨慕化爲行動之前，你必須先將羨慕轉換成另一種比較容易接受的情緒。第一步就是**摒棄心中可能產生的敵意**，別再暗自希望其他人得不到你渴望的事物，或甚至希望對方失去這些事物。接著，你就可以踏入下一階段：**欣賞**。學會讚賞對方的成就或好運，但避免將之投射到自己身上；當你眞心欣賞對方，就算對方擁有比較多，你也不會覺得自己比較匱乏。最後，從欣賞進步到**效法**。在自己身上培養出對方之所以值得欽羨的特質之後，你會對自己感到驕傲，而自豪和羨慕是不可能並存的。

“

實用啓示——

把羨慕當作動力，

你就不會受制於這種情緒了。

”

自我改善練習

- 一旦發現自己正在羨慕他人，請先暫停，避免因為衝動而採取不利於自己的行動或態度。
- 如果你發現自己在對他人喝倒采，請提醒自己，你並不邪惡，只是心理上感到匱乏，並且正設法減緩自己的痛苦。
- 深入了解你羨慕的人，看清對方生活的真實面貌，也許你會發現對方的人生沒那麼值得羨慕。
- 試著欣賞和讚賞對方，而不是單純希望得到對方擁有的事物。
- 分析對方是因為具備哪些特質或技能，才獲得你羨慕的事物。
- 想想你可以如何仿效這些特質和技能，並且採取建設性的行動，讓自己也具備這些條件。

28

覺得自己很可憐

「有時我會陷入自憐。
在這段時間，
一陣大風帶著我劃過天空。」
——奧吉布瓦詩歌（Ojibwa Poem）

「人無法在扭著雙手煩惱的同時，
捲起袖子準備行動。」
——帕特・施羅德（Pat Schroeder）

梅琳達花了七年的時間努力改善觸礁的婚姻，最後丈夫卻爲了另一個女人離開她，這段婚姻就此破碎。五年之後，梅琳達依然忿忿不平，儘管我盡力協助她轉換到正向心態，治療期間她還是把大部分的時間都用在怨嘆自己的命運。她哀怨地訴說自己浪費了人生中最精華的時光，被迫屈就於沒有發展性的工作，而且注定會孤老終身，因爲沒有人會對已爲人母的四十歲女性有興趣，更何況所有的好男人要不是同性戀，就是已經結婚等等。

「尋找悲傷和尋找喜悅的旅程並無不同。」

——尤多拉．韋爾蒂（Eudora Welty）

由於梅琳達堅持只看到剩下半杯水，她杯子裡的水越來越少。她深信自己沒有辦法在這樣的處境下快樂起來，因此想當然，她的生活一直都很悲慘。一直到開始落實兩項建議，梅琳達的情況才終於開始好轉：首先，在受暴婦女庇護機構擔任志工之後，她接觸到的棘手狀況讓她自身的問題看起來像是小巫見大巫；第二，她在離婚者匿名互助會認識了其他面臨相同處境卻重新振作的女性，她們理解梅琳達經歷的一切，卻沒有陷入自憐的情緒，因此她不能再像對我和其他已婚朋友一樣，以「用說的很簡單」來打發她們提供的建議。

自憐會消耗原本可用來改善生活的能量

自憐已經成爲常見的心理問題，出現這種症狀的族群，如果不是像梅琳達一樣遭到拋棄的女性，就是有生育問題的夫妻、覺得要是有機會就能「奮力一搏」的男性，或是被開除的勞工。如果小時候父母是酒鬼及施虐者，或是被父母忽略、過分寵溺或父母沒有做好榜樣，又或者親眼看到父母死亡，這些孩子長大之後也容易陷入自憐狀態。

假如自憐原因並非童年創傷，就一定是近期的悲劇事件造成，例如疾病、深愛的人死亡，或是經濟挫折。在部分案例中，根本原因則是無法改變的個人特質，例如肥胖、醜陋或肢體障礙。還有一些人長期處於自憐狀態，不論自身處境如何改變，他們總是能找到新的理由可憐自己——這類人很容易辨識，因爲他們說出的大部分句子都是以「要是……」開頭。

自我憐憫確實是提供慰藉的暫時手段，就像動物舔拭自己的傷口，我們因此可以緩解傷痛，也因此能從比較難受的情緒——如哀傷或恐懼——轉移注意力。

此外，當我們對他人表現出自憐的樣子，可以是一種求救的方式、爭取同理心的方式，或是讓自己脫身的方式，畢竟多數人不會對同情對象有太多期待。

然而，這些好處和代價相比，簡直微不足道。首先，「我好悲慘」的想法和希望無法共存，**自憐會消耗原本可以用於改善生活的能量，只要你還被困在過去，就無法找到方法打造更美好的未來**。此外，儘管獲得他人的同情也許能讓你感到安慰，他們終究會開始厭倦，並且不再尊重你；接著他們若不是避而不見，就是會在和你相處時表現得冷酷，甚至充滿敵意。

自憐會自我增生。當你投射出哀傷的形象又缺乏信心，情況就容易走下坡，而這只會讓你有更多理由可憐自己。如果惡性循環持續得夠久，你就有變成可悲之人的風險。

「知足不辱，知止不殆，可以長久。」

——老子

如果你陷入這個自我挫敗的陷阱，最有希望脫離的做法，就是**找到可以帶給你新觀點的情境**。舉例來說，和真正需要同情的人相處、請朋友誠實回答會不會覺得聽你抱怨自身處境很煩，或是加入互助團體。

你需要一百八十度的轉變，從惱怒轉爲欣賞，從抱怨轉爲感謝，否則你的半瓶水最後會變得空空如也。

“

實用啓示——

如果不停自憐，最後真的會淪為可悲之人。

”

自我改善練習

- 學會辨認自己什麼時候是在自憐。
- 了解自憐會浪費大量時間和精力，也會拖累其他人。
- 去幫助比自己不幸的人。這麼做不僅能讓你更深切體會到自己有多幸福，還能讓你引以為傲——而自豪和自憐無法共存。

- 列出人生中讓你心懷感謝的所有事物。
- 列出結果比你預期的還要好的所有事件。
- 回想這一生幫助過你的人，並且想辦法感謝對方。
- 如果你自憐的原因和某些人一樣，建議你加入互助團體。務必尋找能支援你努力克服問題和展開新生活的團體，而不是讓無助感惡化的團體。在以解決方法為目標的團體中，不只會聽到成員分享自己的痛苦，也會聽到大家的希望和未來規畫。如果你沒辦法找到合適的互助團體，不妨向他人表達你的需求，或許就能吸引到也希望克服相同問題的人。

29 以爲困難的路就是正確的路

「勿追求過於艱困之事，
亦勿探尋超乎能力之事。」
——聖經外傳（*The Apocrypha*）

保羅首次來就診時，我以爲他只是另一個難以應付繁重學業的研究生，有憂鬱症狀且飽受長期頭痛及失眠所苦。當我建議他休學，他顯得相當憤怒，「我不會半途而廢。」他說，「我做得到，我只是需要一點藥物治療。」事實上，他需要的是徹底改變觀點。

隨著我更深入了解保羅，我發現他和一般壓力過大的學生不同。原因之一是，他對於將來眞正投入建築業這個目標並沒有太多熱情；此外，他其實在大學時期就已經不擅長科學和數學，而這兩個科目正是建築的關鍵領域，長期以來他必須花費他同學的兩倍時間才能理解基本教材。保羅究竟爲什麼要這麼做？因爲他從小受到的教育就是：有價值的事都不容易，而且只有需要大量努力的工作才稱得上是工作。保羅的雙親拚了老命地經營事業，他哥哥也同樣努力成爲律師，每當他腦中出現放棄的念頭，就會感受到深深的羞愧，因而更加嚴格地督促自己。

困難的路不一定是正確的路

在和保羅討論該怎麼做才能放鬆一點的過程中，我發現他只要一有空，就會去協助高中母校的籃球教練。他熱愛籃球教學，也希望自己能花更多時間在這個領域。原來，保羅不僅是優秀的球員，對球賽更有無比的熱情，他能夠掌握比賽中的複雜細節，而且很有激勵和教導球員的天分，因此非常有潛力成爲傑出的教練——事實上，保羅已經獲得相關的工作邀約。當我問他爲什麼要拒絕這些機會而選擇研究所，他的答案讓我大吃一驚。其中的原因和地位或金錢完全無關，而是因爲指導年輕球員打球對保羅而言是再自然不過的事，所以在他心中，籃球教練是興趣，而不是一項職業。工作本來就不該是令人享受或容易做到的事，必須是艱鉅的挑戰才對，否則就會像是在作弊。

我告訴保羅，如果他不選擇從事自己熱愛的工作，最後一定會陷入長期憂鬱，或是年紀輕輕就產生職業倦怠。我建議他認真考慮教練這個選項。

「但是這條路太簡單了。」他反駁道。

我用曾經改變我人生道路的那句話回擊：「有時候，簡單的路就是正確的方向。」

我們的社會過度推崇努力的重要性，以至於當我們選擇愉悅或輕鬆的方法，往往會批判自己懶惰或逃避現實。當取得成果太過容易，我們會開始懷疑，覺得其中也許有隱藏的陷阱，就像如果被問到答案顯而易見的問題，我們會納悶：「這是什麼詭計嗎？」

> 「一旦做得不情不願，
> 再簡單的事也會變困難。」
> ——特倫斯（Publius Terentius Afer）

這種思維可能會導致你放棄可以帶給你最多成就感的活動，反而去從事感覺像是「眞正的工作」的職業，也就是那些讓你覺得枯燥又困難的工作。接下來，當你在工作上面臨挫折，就會嚴厲批評自己，認爲自己不適任或根本不知道自己在做什麼。然而，眞正的問題其實在於你**不熱愛**、甚至**不喜歡**自己所做的事；你缺少的不是技能或知識，而是熱情。當然，你即使不喜歡也可以把事情做好，但這種狀態無法持久。如果你缺乏熱情，再微不足道的障礙或挫折也足以令你放棄；但假如你熱愛自己所做的事，堅持下去就會比較容易。

「從你所好。」

——喬瑟夫・坎伯（Joseph Campbell）

不擅長讓他人分擔責任的人通常都會有這種問題。依蓮是成功的創業家，儘管她很討厭也不善於處理繁複的行政事務，還是堅持親自處理，因此總是工作到疲憊不堪。依蓮很有待人方面的天賦，像是和客戶及供應商交流，讓對方留下好印象並成功說服對方等等，對她來說有如行走一樣自然——事實上，由於這些事對依蓮來說實在太過容易，她小看了其中的重要性。她認爲自己如果沒有深入掌握管理和財務方面的每一個細節，就稱不上是眞正的企業家，因此不但沒有把這些責任分配給適合的人，反而每天花費好幾個小時埋頭苦做自己不擅長的作業。這種行事方法不僅導致依蓮無法專注發揮自己眞正的能力，更讓她覺得自己不夠格——畢竟她確實無法把上述事務處理好——而且心懷愧疚，因爲她實在太厭惡這些作業，以至於開始偷懶。

下一次當你投入做得很順手的工作時，請切記，享受這件事並不代表你不努力，你只是**覺得**好像沒有努力而已。此外，也不要聽信別人說你很愚蠢或懶惰，對方可能只是嫉妒而已，因爲他們一點也不熱愛自己所做的事。

“

實用啓示——

有時候，簡單的路就是正確的方向。

”

自我改善練習

- 如果你能體會到某件事的樂趣，而且也很擅長，千萬不要有罪惡感，這並不代表你不負責任或懶惰。
- 想辦法把你的熱情所在發展成有意義的志向或職涯。
- 如果你飽受挫折感和懷疑所苦，請仔細思考你正在做的有沒有可能並不是對你而言很容易、很自然的事。

30 認爲「我很抱歉」就已足夠

「前事不忘，後事之師。」

——莎士比亞

心理治療最令人動容的時刻，莫過於看似體面的患者坦承自己背叛、傷害或利用了在乎的人。例如，我記得有個厚臉皮的好萊塢經紀人第一次、也是最後一次在我面前大哭，是因爲她喝醉了之後在療養院對著健康欠佳的婆婆大吼大叫。還有個房地產開發商無法自制地嚎啕大哭，因爲他的中年外遇讓妻子絕望不已，他自己則是悔不當初。在這兩個案例中，當事人不只因爲罪惡感和羞愧而難過，更因爲不知道如何補救而備受煎熬。

「道歉這種堪稱極端的惡習難以治癒。謝罪不過是以錯誤的形式展現自我中心。」

——奧利佛・溫德爾・霍姆斯

做出補償是療癒受創人際關係的關鍵，也是能向對方證明我們會正視對其造成的傷害的唯一方法。但真正的問題在於，我們通常不知道該**如何**補償，於是說服自己單靠時間就足以讓傷口癒合，或者只用簡短又不正式的道歉矇混過去。

「我很抱歉」也許足以彌補較小的損傷，但嚴重的傷害會需要更強大的藥，往往不只是嘴巴說「對不起」而已。否則，被我們傷害的人會繼續收回他們的信任，而這只會讓我們更加沮喪，接著又怪罪對方不接受道歉。「他們就是不肯放下。」我們會這樣抱怨，然而實際上，是我們還沒有做好補償。

「別找理由，該找的是補償方法。」

——阿爾伯特・哈伯德（Elbert Hubbard）

先理解受傷者的情緒

導正狀況的第一步，就是理解受傷的一方通常會經歷三個情緒階段，我稱之爲「三H」：

階段一：**受傷**（Hurt）。自以爲堅強的假象被破壞，這時受傷者會意識到，原來自己會遭受如此嚴重的傷害。

階段二：**怨恨**（Hate）。受傷者會對辜負自己的信任、偷走自己安全感的那個人感到憤怒不已。

階段三：**猶豫**（Hesitation）。在覺得安全之前，受傷者不會允許自己再親近造成傷害的人。

採取實際行動彌補

如果傷害很嚴重，即使最動聽的言詞也無法打動受傷者的心，只有補償的行動才能取代痛苦的記憶，並且讓受傷者放下心防。因此，這時就需要透過「三R」來平衡「三H」：

一、**懺悔**（Remorse）。你必須證明傷害對方也讓你感到痛苦，而最有效的方法就是站在對方的立場說出：「我傷害到你了，對不對？」接著加上一句簡單而誠摯、帶有下列意涵的陳述：「我知道自己錯了，也很在乎我對你造成傷害。」當一個人覺得痛苦時，任何解釋都是多餘。

二、**補償**（Restitution）。如果是比較小的傷害，送花這類簡單的表示也許就已足夠，但嚴重的過錯可能就需要公開表示悔悟。那個在療養院大發脾氣的經紀人不僅向婆婆和丈夫道歉，也向所有目睹事發經過的人表示歉意；外遇的房地產開發商則是採取簡單有效的補償形式：依照我的建議，他讓妻子徹底釋放並發洩怒氣，他則是靜靜聆聽，不回嘴，也不爲自己辯護。

三、**修復**（Rehabilitation）。如果要克服再次受到傷害的恐懼，受傷的一方需要的不只是承諾，唯有眞心改變行爲才能重建他們的信心和信任感。對那個經紀人來說，這表示她必須參加戒酒計畫，並證明自己被婆婆激怒時可以適當應對；開發商則是和妻子一起接受婚姻諮商，眞誠而努力地化解導致他出軌的挫折感和不滿。

通常傷人的一方比受傷的一方更痛苦，透過懺悔、補償和修復，你可以療癒自己傷害到所愛的人造成的痛苦，同時證明自己值得信任。如果你堅持執行「三R」，責任最終會轉移到對方身上，等到時機成熟，對方就必須自願放下怨恨，並給你第二次機會。唯有透過這種方式表現誠意，受傷的關係才能開始癒合。

“

實用啓示——

愛就是在必要時表現出你的歉意。

”

自我改善練習

- 試著站在對方的立場去體會「三H」，並思考：
  1. 為何對方會覺得受傷？
  2. 對方可能以什麼形式和原因怨恨造成傷害的你？
  3. 為何對方會猶豫，難以放下心防並再次信任你？
- 從對方的觀點思考你需要的「三R」。
  1. 什麼樣的懺悔才能撫平傷痛？
  2. 什麼樣的懲罰或補償才能緩解憤怒和怨恨？
  3. 什麼樣的行為改變才能重建信任？
- 讓對方知道你明白自己錯了，而且在乎自己造成的痛苦。
- 提出比金錢更有誠意的補償。
- 證明自己在類似情況下會採取不造成傷害的行動，來讓對方重拾安全感。

31 對可怕的經歷閉口不談

「用言語把你的悲傷傾洩出來吧；
無言的哀痛會向那不堪重壓的心低聲耳語，
使其支離破碎。」
——莎士比亞

我曾經以專家來賓的身分登上莎莉．潔西．瑞芙（Sally Jessy Raphael）的節目，那一集的主題是家人的祕密，共有三位女性來賓：一位目睹父親殺害母親後自殺，一位遭到兄弟強暴懷孕，另一位則是從小被告知父親已經死亡，長大後卻發現父親一直都和自己生活在同一座城鎮。

這些女性願意向數以百萬計的陌生人訴說自己的故事，她們的勇氣讓我相當敬佩。在鏡頭之外，我提到要讓這些來賓上節目一定很不容易，但我錯了，她們其實是主動寄信報名上電視。這些女性並不只是爲了博取大衆關注，而是迫切需要清除心中隱藏多年的祕密，她們之所以選擇這檔節目，是因爲覺得莎莉值得信任，而沒有露臉的節目觀衆也不會造成明顯的威脅。顯然這些備受折磨的靈魂，都因此感到如釋重負。

這段經驗足以總結我已經懂得好一段時間的道理：開口談論可怕的經驗有多麼重要。

「言語足以治癒心病。」

——艾斯奇勒斯

歷經駭人的事件之後，除了痛苦、恐懼和失去造成的明顯影響，隨之而來的還有另一種椎心蝕骨的感受：孤獨。即使是共同經歷的創傷，如水災或地震，每個人感受到的衝擊還是各有差異，所以在某種程度上，人人都會覺得孤獨。舉例來說，儘管失去孩子的夫妻會同感悲痛，但經歷這段悲劇的方式卻不盡相同：對母親而言，最明顯的感受通常是失去，因爲投注母愛的對象消失了；對父親來說，最強烈的情緒則通常是羞愧，因為自己沒有扮演好保護者的角色。**說出自己的感受有助於緩解孤立感，你會覺得自己更屬於這個世界，而不是被隔絕在外。**

越早說出來，傷口越快癒合

此外，表達自身感受也是一種**淨化情緒**的方式。可怕的事件會留下有毒的殘餘情緒，而向他人描述事發經過這個行動本身就像注射筒一樣，可以把沉澱的毒素抽取出來。如果不排除這些毒素，你就必須使用防禦機制，如否認和壓抑，來讓自己脫離心中的恐懼，同時毒素會日漸累積，直到開始汙染你的身、心、靈，最終很有可能造成災難性的後果。

越快速且越完整地表達自己的感受，復原的過程就越迅速也越容易。及早說出來就像是摔車後重新坐回自行車上，等待越久，你越是不敢面對。在此同時，你壓抑的痛苦會累積和匯集本質類似的情緒，最終可能惡化成身心疾病或恐懼症。

那麼，為何我們會絕口不提自己的感受？就像所有自我挫敗行為一樣，因為這似乎是比較適合的選擇。第一個原因是我們害怕說出來會讓自己無法忍受，畢竟每次那個回憶出現在腦中，我們都會感覺到痛苦，而不是釋懷，於是推測向他人傾訴只會讓事態惡化。我們也擔心萬一傾訴的對象不對，不僅自己無法感到安慰，還會讓對方覺得有負擔而嚇跑，而且我們的感受可能會遭到鄙視或輕視，導致自己感覺像個傻子。我們隱瞞自身感受的另一個原因，則是憂心自己沒辦法只讓痛苦停留在記憶裡，反而會重新體驗，令自己難以承受。

身爲治療師，我會運用明確的問題來鼓勵患者詳細描述可怕的事件：當時有什麼顏色？聲音有多大？房間很冷嗎？你有聞到任何味道嗎？在安全環境中，透過感官重新經歷那個事件可以釋放一直壓抑的感受，對療癒的過程很有助益。

單親媽媽蓋伊就是個典型的例子。有一天，在家經營郵購事業的她忙著工作，不小心忘了把前門鎖上，結果在講電話時聽到巨大尖銳的煞車聲、一聲尖叫和沉重的撞擊聲。蓋伊衝出家門，發現孩子正在流血且失去意識，一名歇斯底里的汽車駕駛正試圖讓孩子醒過來。最後，她的孩子雖然倖存，卻一輩子毀容。蓋伊深陷在罪惡感之中，飽受惡夢所苦。她發現這段記憶實在痛苦到難以啓齒，不過一段時間後，她一口氣詳細說出整段血淋淋的故事，包括她的孩子倒在馬路上的模樣，以及她自己在急診室感受到的巨大羞愧。吐露一切之後，蓋伊終於可以開始療癒，最終原諒了自己。

「肥皂潔淨身軀，眼淚洗滌靈魂。」
——猶太諺語

找個適合且願意聆聽的人去訴說

由於心理治療師接受過聆聽的正規訓練，並且依法必須保密，通常是傾聽你個人故事的最佳人選。話雖如此，心理治療師可不是唯一理想的傾訴對象，有時候，**有類似經歷的人**才是最理想的選擇，這類人最有資格肯定說出「我了解」和「你不孤單」。正因如此，同儕互助團體往往是心理治療中不可或缺的一環。

不論和你之間的關係爲何，理想的傾訴對象都有相同的特點：他們會仔細且耐心地聆聽，不會心不在焉；他們會接納你的感受，不會敷衍或輕視；而最重要的一點應該是，他們的智慧足以確認你的經歷確實很駭人。

單是回想可怕的記憶，或是對著不偏不倚的人發洩感受，都不足夠。除非你去感受，否則無法療癒；除非覺得安全，否則你無法去感受；而除非有某個人願意聆聽，直到你的痛苦消散，否則你無法感到安全。

“

實用啓示——

訴說可怕的經歷有助於療傷。

”

自我改善練習

- 找個具有同理心，而且能讓你敞開心胸談論自身經歷的人。
- 取得對方同意，讓你可以不受時間限制，徹底表達自己的感受。

- 請對方單純聆聽，不批判、不質疑，也不評論你所說的一切。
- 描述自身經歷時，盡可能說出自己記得的細節，包括視覺上、聽覺上、味覺上、嗅覺上，以及最重要的，心理感受。

32 太快放棄

「只有繼續不斷地前進，才可以使榮名永垂不朽；
一旦罷手，就會像一套久遭擱置的生鏽鎧甲，
徒然讓其不合時宜的式樣，永遠遭世人揶揄。」
——莎士比亞

保羅聰明、迷人又充滿活力，滿腦子都是遠大的理想，而且還擅長讓他人因爲這些理想熱血沸騰。照理說他應該會功成名就，然而他的每一次投資創業和他接下的每一份工作一樣，最終都以失望收場。他的妻子露絲受夠了這一切，她已經負擔了兩人的家計長達九年。「他就是不夠努力。」露絲如此抱怨。

事實上，保羅不需要更努力，而是需要用不同的方式努力。剛成立新公司時，保羅的熱情近乎瘋狂，然而一旦需要處理繁複作業，他便無法靜下心來，接

著就會因爲各種延遲和阻礙而感到沮喪。如果保羅是運動員，就是屬於一開始取得大幅領先，後來卻因爲被對手超越而一蹶不振的類型。他需要學習的是有位大企業執行長曾和我分享的道理：「成功的關鍵就是忍受無趣。」修正、微調和排除失誤都是必經之路，如果你只是因爲新鮮而熱血沸騰，如果你無法忍受過程中無趣的部分，一定會失去耐性並放棄，這就是保羅最大的問題。必須面對現實的瞬間，刺激感會隨之消退，於是他便斷定自己追求的目標並不正確或徒勞無功。「事情的發展和我想的不一樣。」他會這麼說；或者，「這不是我眞正想做的事。」

「偉大的成就不是奠基於力量，而是毅力。」

——山謬．強森（Samuel Johnson）

放棄背後有其心理目的

無趣並不是我們太快放棄的唯一原因。不論是工作或婚姻，當事態變得比我們預期的還要困難，有些人就會認定眼前的目標不值得付出如此多的努力。尤其，當我們遇到的障礙暴露出自己的弱點或不足之處時更是如此，害怕丟臉的心態會瓦解堅持下去的意志。想當然，我們絕不會對自己承認這一點，所以會找各種理由說服自己：立刻停損是最好的選擇。

和大多數自我挫敗行爲一樣，放棄的背後有其目的。放棄可以緩解我們停滯不前或陷入困境時產生的挫折感和焦慮感，也讓我們不必正視更深層的恐懼，例如自己其實不具備成功的條件。放棄也可能隱含尋求協助或需要鼓勵的訊號，尤其男性比較容易因爲自尊心而放棄，對他們來說，尋求協助等同乞求。也許這就是爲什麼需要五十萬個精子才能讓一顆卵子受孕成功——因爲男性拉不下面子問路。

「努力開始變得困難時，才稱得上是努力。」

——荷西．奧德嘉．賈塞特（José Ortega y Gassett）

先按暫停鍵重新評估，再做決定

然而，放棄之後的自在卻是用高昂的代價換取來的，而且可不只是像沒有達成目標這類明顯的代價。**當我們一再放棄，在其他人眼中就會顯得沒有誠信，最後連我們也不相信自己，畢竟半途而廢的人不值得尊重。**我們也會因爲放棄而無法學到堅持的價值，或是解決障礙和克服挫折所需的能力。

當然，有時即使用盡一切努力和意志，也無法挽救某個計畫或某段關係，但中止並不等同放棄。中止意味著重新評估，並調整行動方針；放棄則意味著半途而廢、棄船逃跑、讓自己免於承擔責任。

「倒下並不是失敗，一蹶不振才是。」

——瑪麗・畢克馥（Mary Pickford）

那麼，要如何分辨放棄和理性決定停損呢？其中一種方法是回顧過去，釐清自己的行爲模式：過去你比較傾向太快放棄，還是遲遲不肯放手？向有見識的人徵詢意見也會有幫助，你可以透過他們判斷自己是否已經考量過所有可行的選項、已經蒐集到所有必要的資訊，也已經尋求所有可能的協助；如果答案是否定的，你很有可能就是太快放棄。

有句俗諺說「怕熱就不要進廚房」，所以，如果你總是在廚房變熱時就匆匆離開，最後你的人生就會半生不熟。

“

實用啓示——

你也許無法決定自己的成功或失敗，

但你可以選擇要繼續嘗試，還是放棄。

”

自我改善練習

- 回想你上一次放棄的經驗，並重新審視放棄引發的正面和負面結果。
- 審視現況，並寫下現在放棄的潛在優點和缺點。
- 列出其他選項，以及各個選項的優缺點。
- 向客觀且不帶批判心態的人尋求協助，請對方幫忙評估情勢（建議和對方一起執行前兩個步驟）。
- 如果你傾向放棄，自問**原因是什麼**，又為什麼選在**這個時候**。你的理由是否充分，或者你只是想要逃避不愉快的感受，例如難堪或無趣？
- 如果你決定堅持下去，請向值得信賴的人尋求協助和支援。

33 讓他人掌控你的人生

「在自己身上尋找幸福並不容易，
在其他地方則是毫無可能。」
——艾格妮絲・雷普利耶（Agnes Repplier）

三十二歲的律師助理法蘭自稱是「討好界的皇后」，我則判斷她有所謂的「柴郡貓症候群」（The Cheshire Cat Syndrome）。法蘭告訴我，她覺得自己就像《愛麗絲夢遊仙境》中的柴郡貓，時而可見，時而隱形，同時臉上隨時掛著笑容。在任何關係中，法蘭總是保持著微笑，不論是對父母、上司、朋友和愛人，但此時在療程中，她的臉龐卻因爲痛苦而扭曲。「我越來越像隱形人。」她這麼說，「我很害怕自己會完全消失，而且不知道該怎麼做才能避免。」

很多人就像法蘭一樣，太過在乎他人對自己的看法，結果反而失去了方向。

這就像是在通往自尊的路上會經過由他人意見組成的收費站，每經過一次，就付出一點自我認同。

我在心理治療過程中看過的很多成人都無法記得太多自己小時候的事，卻能清楚記起關於其他人的回憶。他們能回想起父母開心或難過、感興趣或疲憊、愉快或憤怒的樣子，因爲他們小時候就了解到，想要獲得安全感，就得想辦法讓生氣的爸爸露出笑容，或是讓沮喪的媽媽開心起來，以及避免讓雙親生氣或沮喪。這些人沒有把注意力放在自己的活力、自主和成長，而是把心力都放在讓家庭更平靜、更不危險，因此他們的自我價值感是取決於倚賴對象對他們的評價：父母看起來開心，他們就覺得自己有價值；父母看起來不開心，他們則會覺得自己差勁，而且必須負起部分責任。

「我走的每一步都是為了討好你，
然而你心中的喪歌卻從未停下。」
——亞瑟・米勒（Arthur Miller）

讓他人掌控人生的個性模式

長大成人之後，如果仍然太過在意他人的渴望、願望和需求，你可能會發展出「證明—展現—隱藏—討好」的個性：你的人生中有太多時間都花在試圖向他人證明自己、向他人展現你的價值、向他人隱藏你惹人厭的部分，以及討好他人，而這一切都是爲了保有安全感和自我價值。

如果你的動力來源是向他人**證明**自己，那是因爲你覺得對方不相信你，你的想法會是：「我會證明自己值得他們的信任。」證明的心態源於內心深處的受傷感，**展現**心態的根源則是憤怒，也就是覺得他人不信任自己而出現的反應。由於你認爲其他人把你當作冒牌貨或騙子，只能不停地展現自己的實力。

助長**隱藏**心態的關鍵是恐懼，你認爲其他人沒有耐心，也不包容，很擔心自己犯錯時會遭到抨擊，於是只能過著虛僞的生活，雖然躲開了批評，卻也隱藏了自己眞實的感受和性格。**討好**的動機則通常來自讓對方開心就能獲得愛與接納的想法，你息事寧人只爲了營造出歡樂的環境，然而一旦失敗，你卻難逃罪惡感的折磨。

在某種程度上，大多數關係親近的人都會將自己的幸福感和對方的心情連結在一起；然而，當你變得太過執著於證明、展現、隱藏和討好，甚至放棄自己人生的掌控權，爲了對方犧牲自己的需求和渴望，這就是悲劇一場。短期內你也許還能合理化這種生活方式，發誓總有一天要重回正軌，但如果拖得太久，你就會發現自己已經徹底失去方向。

“

實用啓示——

為了他人而活，一定會失去自我。

”

自我改善練習

- 首先判斷自己的「證明─展現─隱藏─討好」程度，方法是以零到十分來評估自己的這四項性格。在你最重視的關係中，你付出多少精力向對方證明自己？零分代表完全沒有，十分則代表付出所有的精力。有了答案之後，也請陸續針對展現、隱藏、討好進行相同的評估。
- 如果四項分數加總後超過二十，你可能比較偏向為了他人而活。你正在壓抑自己的渴望、興趣和野心，只為了在對方眼中呈現出特定形象。
- 了解到自己其實沒有太多能力讓其他人滿意，更幾乎沒有辦法讓他們**永遠**都滿意。
- 告訴對方他沒做錯什麼，只是你意識到自己往往會順從他人，而不是為自己好。
- 告訴對方，從現在開始你打算誠實表達自己的不同意見和失望情緒，而你希望他可以理解。
- 依照第一個步驟的方法每個月重新自我評估一次，來追蹤自己是否有落實改變。

- 請去尋找不期待你為他付出比為自己付出更多的人。也許你現在還不會被這類人吸引，因為你比較偏好熟悉的類型，也就是那些你可以討好和服侍的對象，但熟悉並不代表對你有益處。

34 把太多東西交給運氣

「命運掌握在自己手裡。」
——法蘭西斯・培根

對心理治療師而言，幾乎天天都會聽到有人說「從現在開始一定會不一樣」或「我絕對不會再那樣做了」；可惜的是，有人窘迫而喪氣地說「什麼都沒有改變」或「我又搞砸了」，也幾乎是天天上演的戲碼。

有時我們會未經思考就發誓，單純是爲了自我感覺良好——這讓我們可以稱讚自己立意良善，或者向他人保證未來會不一樣，保證他們不會再受傷、失望或被冒犯，來讓他們安心。以這類情況而言，我們的誓言毫無意外都會像競選承諾一樣遭到遺忘，儘管我們通常是眞心誠意許下承諾。我們沒有口是心非，確實希望未來有所改變且全心全意想要改變，但眞正的問題在於，我們把一切都交給運氣，誤以為立意良善就足以讓改變發生，以為自己從此以後只要看著辦就行了。

「通往地獄之路，都是由善意鋪成。」

——英國諺語

改變需要一個有效的計畫

如果你真的希望未來有所不同，就必須知道**如何改變**；你需要的是計畫，否則未來很有可能會是歷史重演，甚至更糟。也許你已經著手改變，但如果缺少可以落實的工具，最後只會顯得自不量力。就如同整個大自然一樣，人天生就厭惡空虛，因此面對不熟悉的狀況時，你也許會覺得毫無準備，只能試圖用過去管用的行為來填補這種空虛，然而過去管用的可能無法達到你新的目的。因此，最後你不僅會感到丟臉和失望，更會陷入真正的麻煩。

舉例來說，我在勤奮工作後退休的人身上就看到了這種情況。「我已經等不及了。」他們會這麼表示，然後滔滔不絕說著想去哪裡旅行，又想培養什麼嗜好。然而，這些人並沒有好好規畫自己的財務，最終只能帶著破碎的夢想一輩子工作。其他人則是只顧著規畫金錢，卻忽略了時間，被問起退休後究竟打算做什麼時，他們會這樣回答：「時候到了再煩惱就好，我很期待可以想做什麼就做什麼。」結果退休的日子到了，他們卻不知道該拿自己怎麼辦，於是開始覺得自己沒用，還爲身邊的人製造了一堆麻煩。就如某位這類型男性的妻子說的：「他年輕、適應力強的時候都活不出多采多姿的生活了，何況是又老又頑固的時候？」

我也看到相同的情況出現在即將邁入四十歲、開始聽見生理時鐘倒數的單身女性身上。她們太想要孩子，於是緊抓住第一個出現在眼前的機會，不論那是不是合適的伴侶。當有人問起要如何扶養小孩、如何兼顧工作和照顧孩子，或是負擔空間更大的住家，她們會一臉堅定地表示，強大的母愛足以克服任何障礙。

情侶也會產生類似的錯覺，不論是年輕的羅密歐與茱麗葉，或是堅信這次戀愛會不一樣的中年浪漫主義者，他們都只會跟著感覺走，從未用頭腦思考與伴侶共築人生會遇到的挑戰。愛確實可以戰勝很多事，但無法戰勝一切。

「等待財富從天而降的人總是三餐不繼。」

——班傑明・富蘭克林

交給運氣只會故態復萌，不會有所改變

當你面對的是需要改正的破壞性行爲，把太多東西交給運氣就會導致嚴重的後果。舉例來說，假設有個男人承諾不再毆打妻子，如果他已經受到懲罰、後悔不已，也許還接受了法律制裁，那麼他可能是認眞的；然而，如果他沒有計畫——承諾接受治療、努力化解自己不滿的原因、擬定面對衝突時的非暴力應對方式——一旦受到刺激，他很有可能會故態復萌。

基於相同的道理，發誓要戒菸、戒毒、戒酒或改正其他破壞性習慣的人，如果把一切都交給運氣，注定會功敗垂成。光是大聲說出「我絕對不會再暴食了」或「這是我最後一次賭博」還不夠，要是沒有制定計畫來應對捲土重來的衝動，你的成功機率不會太高。例如選擇激烈節食的人可以迅速減掉大量體重，然而這

類人通常都沒有設想如何避免暴飲暴食，因此，他們最後往往會變得比過去更胖。這就是爲什麼匿名戒酒互助會之類的活動能發揮效果，因爲那是一套完整的計畫，提供的方法不僅讓你停止破壞性行爲，也讓你可以貫徹執行。

「運氣一詞毫無意義，凡事必有因。」
——伏爾泰（Voltaire）

在電影《夢幻成眞》（*Field of Dreams*）裡，凱文·科斯納（Kevin Costner）飾演的主角聽見有個聲音對自己說：「如果你蓋好了，他就會來。」（譯注：在電影中指的是蓋好棒球場之後，主角最崇拜的球星就會現身，後來引申爲「只要努力，夢想就會成眞」。）於是他擬定計畫並堅持到底，最後他埋藏在心中深處的夢想終於成眞。

想要事情有所不同卻完全沒有**落實改變**的策略，最後什麼都不會改變；但如果你有計畫，就能開始努力，而只要努力，夢想就會成眞。

“

實用啓示——

一點計畫，勝過大把運氣。

”

自我改善練習

- 首先在腦中設想最後的結果，清楚明確地想像你希望事情如何發展。問自己想要什麼樣的未來、是在何時何地發生，並且在腦中構築這個未來的樣貌。
- 現在自問該怎麼做，釐清打造理想的未來究竟需要採取什麼行動。
- 如果可以，請將你的目標分割成較小的標的。然後，達成各個標的需要執行哪些明確的步驟？
- 再次檢查，以確認計畫的可行性。

- 釐清自己需要哪些協助。你需要專家嗎？錢？還是家人的支援或犧牲？
- 找出可以監控進度的方法，因為除非你有定期追蹤，否則很難徹底落實計畫。有個方法是公開自己的計畫：向信任的人說明你的意圖，並請對方督促你負起責任。
- 如果你有放棄計畫的衝動，請堅持下去，不要認輸，除非你已經做好其他的改變計畫。

35

讓恐懼主宰你的生活

「我們唯一需要感到恐懼的，就是恐懼本身。」

——富蘭克林・德拉諾・羅斯福（Franklin Delano Roosevelt）

「每一次真正停下腳步正視恐懼，你都會獲得力量、勇氣和信心，讓你可以對自己說：『我經歷過這一次的恐懼，有能力面對下一次的挑戰。』」

——愛蓮娜・羅斯福（Eleanor Roosevelt）

五十二歲的史坦是航空公司的機械工程師，每天需要開車通勤四十英里。後來他遇上車禍，雖然經過短時間療養之後身體並無大礙，他的心理創傷卻沒有復原。史坦從此不敢開車，爲了保住工作，他只能鼓起勇氣和其他人共乘，但一路上都心驚膽跳。現在只要牽扯到開車，他就會把其他人都逼得心神不寧。

四十三歲的露絲是高中校長和三個孩子的母親，發現丈夫泰德外遇之後，她陷入失控狀態。儘管泰德用心表達懺悔之意，也認眞努力地解決導致自己不忠的婚姻問題，露絲還是無法克服每當丈夫不在眼前時她感受到的極端恐懼，情況嚴重到讓她自己的生活停滯不前。

史坦和露絲有什麼共同點？他們都是創傷的受害者，害怕事情捲土重來，恐懼到失能的地步。

「萬事不足畏，但求窮其理。」

——瑪麗・居禮（Marie Curie）

對創傷重演的恐懼

創傷通常是以連續打擊的模式來襲，第一擊會摧毀我們的天眞單純和安全感，第二擊其實根本不算創傷，而是**害怕創傷事件會重演的恐懼**，原有的信任感被恐懼的高牆取代。內心脆弱的一面暴露之後，我們會覺得如果再次受到傷害，自己一定難以復原，也許連熬過去都沒有辦法。這種深層的憂慮可能會引發退縮的心態，如果太過嚴重，甚至可能惡化成恐懼症，也就是逃避的終極型態。

悲哀的是，**對二次創傷的恐懼可能比創傷本身更具殺傷力**。露絲的預期性恐懼實在太過強烈，以至於如果身爲外科醫師的丈夫因爲疲勞而不想親熱，她就會斷定丈夫一定是見過情婦了。她也因爲太過害怕其他女性，所以堅持禁止泰德參與任何社交活動，甚至會檢查丈夫的病人紀錄，想知道他治療過哪些女性。一陣子之後，比起泰德的婚外情，露絲的被害妄想症狀反而對婚姻造成更大的威脅。

預期創傷事件再度發生的傾向源自童年早期。當孩子遭遇創傷，例如沉入泳池撞到池底，或是從自行車上摔下來，他會覺得自己沒有受到保護。這時如果父母對意外小題大作，孩子也會把挫折放大：「會讓爸媽這麼不開心的事一定眞的很糟糕，所以我最好不要再嘗試了。」相反地，如果父母對創傷太過輕描淡寫，孩子不僅會覺得受傷，還會感到孤獨，而在心理層面上，這種孤獨感遠比受傷更嚇人。

不論是哪一種情況，副作用都是孩子不願意振作起來、再次嘗試，而這樣的情緒記憶會深埋在內心；長大成人之後，當新的創傷又觸發了這種感受，他們爲了自我保護，會建構出心理上的護城河，或是沉溺於對創傷重演的恐懼。

「智慧始於克服恐懼。」

——伯特蘭・羅素（Bertrand Russell）

採取正向行動，才能對抗恐懼

另一方面，聰明的父母則懂得安撫受到創傷的孩子，也會趕在恐懼削弱信心之前鼓勵孩子再試一次。於是，當孩子成功潛入泳池，或是回去騎自行車而沒有受傷，他們就會明白自己有復原力，也會了解到只要自己正視恐懼並採取行動，就可以避免傷害捲土重來。

這正是受創的大人該採行的方法：唯有繼續過生活且採取正向行動，才有可能克服恐懼。以史坦爲例，我說服他重新嘗試開車，首先從小型街道開始，接著再慢慢練習駛進大道和大街，最後鼓起勇氣開上高速公路。至於露絲，解決方法則是表現出信任丈夫的樣子：她強迫自己在丈夫長途出差時祝他一路順風，還有在聚會時忍住不要一看到有其他女性就纏著丈夫不放。在泰德證明自己值得信任之後，露絲終於可以放心相信他，並且讓生活重回正軌。

當你因爲人生中的波折受傷，感到害怕是再正常不過的反應，一時之間失去平衡、想要縮進保護殼裡也很正常。不過，你重回生活軌道的速度越快，就越不會成爲創傷事件的「傷亡人員」，因爲，行動足以戰勝恐懼。

“

實用啓示——

感到恐懼並不代表你真的身陷險境。

”

自我改善練習

- 了解到覺得自己脆弱並不等同你真的會受傷。請坦承自己感到害怕，並且堅定地避免讓恐懼主宰自己的生活。
- 接受現實，有些事件就是無法預期，也無法預防。
- 了解到憂慮和逃避可能會比你害怕的事物更具殺傷力。
- 盡早重回正常的規律。如果無法一次到位，請試著一次一小步重返正常生活。
- 如果有需要，向信任的人尋求協助，讓對方鼓勵你採取比你以為自己所能做到更積極的行動。
- 注意到自己採取的每一個行動都減緩了恐懼感。這個過程就像注射一連串的預防針一樣。
- 把焦點放在你的復原力。請記得你確實在經歷創傷之後重新站起來，並且了解到，下一次再經歷創傷，你也能重新振作。

36

遭逢失去之後不願走出來

「悲傷是一時的煎熬，
沉溺於悲傷則是一生的大錯。」
——班傑明・迪斯雷利（Benjamin Disraeli）

瑪莉面臨了人生中最難以承受的痛：孩子的死亡。儘管這類事件一向都是悲劇一場，瑪莉的經歷卻特別令人絕望，因爲她已經成年的女兒被殘忍殺害，凶手是追求她遭到拒絕的男性，但現在凶手有機會逃過法律制裁。此外，瑪莉最近還失去了母親，她自己也因爲癌症而失去胸部，在她眼中已經沒有繼續活下去的理由。

我希望能多爭取一點時間，因此說服瑪莉承諾在凶手被制裁之前不會自殺。然而，除了來接受治療之外，她幾乎不做任何事，除了盯著自己的花園和女兒的相片。她丈夫和我都鼓勵她繼續過自己的人生，她卻說：「放下這件事之前，我沒辦法往前走。」

「正好相反。」我回應道，「除非你繼續過自己的人生，否則你永遠都放不下。」我向她解釋，只有強迫自己參與各種活動並製造新的回憶，她才有辦法稀釋日夜糾纏她的痛苦念頭對自己造成的影響。

悲傷當然是必經的過程，也沒有必要因爲習俗上的哀悼期已過，而假裝自己不再悲傷。然而，如果你不在某個時間點讓自己振作起來，重新投入生活，你有可能會成爲過去的囚犯，受困在永遠哀傷的催眠狀態中。在這種情況下，你遭逢失去的那一年不僅會成爲你人生中最悲慘的一年，實際上更會是你人生結局的開始。

「過去只是一個開端的前奏，
而現在和曾經發生的一切不過是黎明前的曙光。」

——H・G・威爾斯（H. G. Wells）

為自己創造新的回憶

飽受重大失去所苦的人之所以對重新振作猶豫不決，有幾個原因。他們一直以來可能都太過把自我認同建立在所愛的人身上，以至於無法獨自一人正常生活；或者，他們可能會從其他人的同情之中找到慰藉，卻沒有意識到，別人的同情心終究會消退，並且開始避而不見。沉溺在悲傷中的另一個原因是將離開的一方過度理想化，藉此緩解因為自己心中可能還存有負面情緒而產生的罪惡感。另外，也有很多人相信，展開新生活是對逝者的不敬，但以我多年來接觸瀕死患者的工作經驗而言，我從來沒有聽過任何人對自己深愛的人說「為我悲傷一輩子」或「請不要再婚」；相反地，即將離世的人總是會說出這樣的話：「別浪費時間為我難過了，繼續過你的生活，我希望你快樂。」最後，許多無法停止哀悼的人認為，反正人生再也不會一樣了，何必振作？但真正的目標並不是取代無法被取代的對象，或是複製無法被複製的生活，而是單純給自己創造新回憶的機會。

最困難也最重要的是，**為你生活中遭逢失去的那個層面創造新回憶**。舉例來說，喪偶的人通常會更加投入工作，或是花更多時間和朋友及孩子相處，儘管這些做法都比自我隔絕理想，卻不如和新對象約會有建設性。經過適當的哀悼期之後，與另一個人建立親密關係等於是在遭逢失去的那個生活層面打造新回憶，可以加快療癒的過程。

「悲傷唯一的解藥就是行動。」
——喬治・亨利・路易斯（George Henry Lewes）

接受「人生從此不再相同」的現實

當然，新回憶不一定要完全和過去呼應，有時候這也是強人所難。舉例來說，瑪莉這樣的中年女性已經無法再生育小孩，不過她可以把精力轉移到相近的層面。在某種程度上，女兒代表瑪莉關愛和協助的對象，是需要瑪莉的人，她照顧他人的需求曾經如此強烈，現在卻只有無盡的空虛感。於是在我的鼓勵之下，她開始在醫院擔任志工，並且加入孩子遭到殺害的父母組成的互助團體，後來還對一名因爲丈夫剛遇害身亡而痛苦不堪的年輕女性照顧有加。像這樣與他人建立連結，爲瑪莉注入了全新的能量，讓她面對起訴殺害女兒凶手的公務員時更加堅定果敢，還加入了爭取受害者權利的遊說團體。三年後，在歷經了最絕望的創傷之後，瑪莉擁有了充滿珍貴回憶的生活。

當你爲巨大的失去所苦，必須先接受現實：人生已經無法再像過去一樣了。如果你無法立刻放下失去的痛苦，請先從創造新回憶開始做起，也許一段時間之後，失去的傷痛會放開你。

“

實用啓示——

創造新回憶，才能走出失去的傷痛。

”

自我改善練習

- 逐步分離隔絕自己的悲傷。如果你失去了深愛的人，並且把自家變得有如陵墓，請把家裡復原成適合居住的地方。若你覺得有必要，可以改成找個房間放置逝者的重要物品，或者把那些東西濃縮成一本相簿。
- 對自己的內心也執行相同做法，試著一天一天減少沉湎於過去的時間。
- 開始創造新回憶來稀釋痛苦記憶的影響力，例如展開新計畫、新工作，以及和新的對象來往。
- 與其只是把時間填滿，不如試著選擇有意義的活動來提升自尊感，讓你為自己感到驕傲，例如投入時間幫助比你不幸的人。
- 加入互助團體。只有同樣歷經苦痛的人說出的「我懂你的感受」才有說服力，也才能緩解你的孤獨感。

37 當改變是最好的選擇時不願改變

「我花了許多日子調整樂器的弦線，
而我要唱的歌，至今仍未唱出。」
——羅賓德拉納特．泰戈爾（Rabindranath Tagore）

出乎意料地，許多患者來找我看診的時機並不是他們狀況不佳的時候，而是在他們脫離困境之後。這些人可能是終於擺脫了不快樂或充滿暴力的婚姻、離開了令人沮喪又毫無發展性的工作，或者是不再投入大把時間和精力在連連虧損的創業計畫——理論上，這時應該覺得解脫和如釋重負，但他們心中反而充滿困惑和懊悔。爲什麼會懊悔？因爲他們明明可以早點脫身，卻浪費了太多時間過著悲慘的生活。又爲什麼困惑？因爲他們不知道究竟是什麼導致他們拖沓了這麼久才脫身。

陷在糟糕的情況中太久，背後有百百種可能的原因。首先，維持現狀意味著不必冒險改變，因爲忍受熟悉的困境看起來往往比面對未知更有吸引力——萬一放棄令人沮喪的工作卻沒有找到更好的選擇，或是走出不快樂的婚姻最後卻變成孤家寡人，該怎麼辦？另外，維持現狀也免除了做出痛苦決定的責任，例如很多不幸福的夫妻都曾告訴我：「我一想到會傷害我愛的人就受不了。」光是打破誓言和拋棄伴侶可能產生的罪惡感，就足以讓這些人留在原地。

他們會想辦法說服自己，保持原樣才是比較明智的選擇。他們告訴自己，事態一定會好轉，而且人生本來就很困難，所以認爲改變自身處境就會有所不同是很愚蠢的想法。他們還會安於這樣的觀念：反正自己無法找到更好的伴侶、工作、房子等等，還不如努力滿足於目前所擁有的。

「朋友，讓我告訴你一個天大的祕密：
不要等待最後的審判，審判天天都在上演。」

——阿爾貝・卡繆（Albert Camus）

遲遲不去改變，情況可能會更糟

然而，像這樣把維持現狀合理化，只會付出悲劇性的代價；要是拖延太久，很快就會變得爲時已晚。你的各種選項可能會「過期」，可以變得更好的每一個機會也隨之消失。你甚至可能會開始認爲問題出在自己身上。「我一定是做得不夠，」你這麼想，「也許我應該更努力。」結果，你對自己的要求超乎常理，或者在你已經做得夠多、再多努力也無法造成任何改變時，還試圖做更多。最後，你開始覺得再也無法掌控自己的人生，熱情和興致消退。如果你夠幸運，會出現一個很諷刺的情況：儘管你不願意改變，但你的不快樂和怨恨強烈到讓情況改變，因爲伴侶再也受不了而選擇離開你，或是上司受夠了，決定開除你。不過，更有可能的結果是你筋疲力竭，年紀未到就開始覺得自己老了。

等待太久可能導致災難。我認識的一名主管對新員工不放心，卻因爲看好他的前景而把他留著，時間正好久到最後被詐騙兩萬美元。另一個例子是一名三十八歲的女性，她生理時鐘倒數的聲音越來越響，卻不願意離開未婚夫，一心希望他會改變心意，想要小孩。「他一定會想通的。」她篤定地對我說，「他很會跟小孩相處，只是現在他的重心在事業上。」她的另一個理由是，以她的年紀，反正也不太可能找到其他符合條件的對象。上一次我見到她時，她還是沒有小孩，而且即將邁入四十一歲。

「人生自有其路線，
變化和動態是預設條件，
試圖阻止永遠都是徒勞。」
——勞倫斯・凡・德・普司特

覺得自己停滯不前，就是改變的時機點

當然，你不應該草率應對改變的渴望，否則可能會落入另一種自我挫敗行爲：太快放棄。去尋找那些可以說明這股改變的渴望很深層、很認眞的跡象。有一個跡象是失去興趣、熱情和專注，或者以感情來說，就是失去激情。也許你會

覺得自己不夠努力而產生罪惡感，但眞正的問題可能是你的心已經不在了。另一個線索是發現自己經常在幻想，例如想像自己做的是另一份工作，或是和另一個愛人在一起。此外，有個明顯的指標可以判斷你早該改變了：在某些日子變得鬱鬱寡歡或沮喪。生日、新年元旦、結婚紀念日、開始工作的日期，這些不僅是歡慶的日子，也是全面評估的時間點。如果你在這些時候覺得自己停滯不前，沒有任何進步，如果你認爲自己落後了，或是遠不及自己的預期，請認眞考慮做出改變。

外交官常說，他們寧可對付熟悉的敵人，也不要和陌生的盟友交手。然而，有時候面對不熟悉的事物才是比較明智的選擇。如果拖延到自己筋疲力竭、無力改變，等於毫無退路了。

“

實用啓示——

有時候，隔岸的風景真的比較好。

”

自我改善練習

- 誠實評估自己不滿、沮喪和不快樂的程度。
- 問問自己，你希望五年後擁有什麼樣的生活？在目前的條件下，你有辦法達到目標嗎？
- 實事求是地檢視狀況改變的可能性有多少。變得更令人滿意的機率如何？你可以採取什麼行動來實現這樣的改變？
- 問問自己，如果你知道情況永遠不會好轉，你會有多難受？
- 仔細檢視自己的選項，看看是否有可行的選擇能取代現況。你諮詢過專家嗎？有和做出類似改變的人聊過嗎？
- 分析脫離現狀要承擔的風險。和保持現狀的後果相比，何者比較嚴重？
- 如果你判斷改變是最好的選擇，請擬定具體計畫並展開行動，而且要決心不因恐懼或罪惡感打消念頭。

38 不表達自己的需求

「現在你們祈求，就必定得著，
讓你們的喜樂滿溢。」
——《約翰福音》

「與他人和諧相處之道，
在於僅要求對方可給予之物。」
——崔斯坦・伯納德（Tristan Bernard）

從十四年前結婚開始，每年溫蒂和傑克・福萊斯特都會在棕櫚泉的同一座度假村度過耶誕假期，不論境遇是好是壞、健康或生病、有沒有兩個小孩要養，這項傳統都不曾改變。不過從五年前開始，兩人不再享受這種慶祝方式，雙方都感到無聊，也都渴望改變，但沒有任何一方願意開口說：「今年可以去別的地方嗎？」兩人反而都假定對方會認爲打破傳統是禁忌，所以都假裝玩得很開心。

以福萊斯特夫婦的例子而言，風險相對較低，後果也不怎麼嚴重，但有時候如果不明確表達自己的需求或渴望，可能就沒那麼幸運了。像機場接送這種普通的要求，如果沒有明確表示，也許就會造成嚴重的後果。以下面這個常見的情境爲例：奧茲做出暗示，並希望自己的需求能因此被滿足，而不必冒任何風險——他的說法是：「天啊，我必須在七點前到機場。」而在等待哈莉特表示願意載他一程的過程中，奧茲越來越沮喪，直到不得不叫計程車時，他的情緒已經轉爲憤怒。奧茲在腦中一一細數自己曾經幫過哈莉特的事蹟，最後做出的結論就是哈莉特自私又不貼心，於是氣氛變得緊繃，哈莉特卻完全不知道怎麼回事。如果哈莉特真的知道原因，她可能會理直氣壯地抗議：「你幹麼不直接說你想要搭我的車？」像這樣的誤會很有可能會破壞一段友情。

說不出口的需求會導致更多問題

如果是更深層的需求沒有說出口，則會引發更痛苦、也更具殺傷力的後果。舉例來說，許多年邁的父母不願意向孩子尋求協助，因爲擔心把孩子嚇跑，或是被送到安養院，又或者是因爲覺得孩子忙於照顧自己的家庭，所以對占據他們的時間有罪惡感。接著，當緊急事件發生，孩子除了處理必要的事之外，還會忍不住大吼：「爲什麼不早點告訴我？」

這種自我挫敗行爲最典型也最具爭議的例子，就出現在床笫之間。儘管雜誌和自我成長類書籍提供了大量建議，在性方面說出自己的需求仍然是個禁忌，問的人必須有勇氣和信任感，聽的人則要有強大的心理素質。一談到性，我們的自尊就變得無比脆弱，所以對方的要求聽起來會像是批評——我們會猜想，既然對方都不得不開口了，那自己一定有哪裡做得不好。有需求的一方必須判斷哪一種做法的風險較大：是在等待伴侶發現自己想要（或不想要）什麼的過程中漸感挫折，還是在可能傷害到伴侶感受的情況下直接提出要求。

不論你的需求是大是小，在學會開口要求之前，你必須先克服導致自己不敢開口的壓力。而我們之所以忍住不表達需求，其實是出於很合理的原因：

一、**不想傷害或冒犯對方**。

二、**可以藉此否認自己依賴成性**。男性特別容易把自己的需要視爲脆弱的象徵，並且把開口要求和乞求畫上等號。

三、**內心覺得不表達自身需求很値得**。不論有沒有意識到，我們大多數人都會在心中記錄自己的付出和收穫，而把自己的渴望藏在心裡會讓我們自覺寬容而高尙，同時也在累積未來可以換取收穫的籌碼。

四、**可能會被要求有所回報**。我們擔心如果自己的需求眞的被滿足了，就會欠下人情，而對方可能會乘機占便宜。

五、**不想冒著被拒絕的風險**。當我問患者爲什麼不表達自己的需求，他們通常會回答：「如果被拒絕，我不知道自己會有什麼反應。」他們擔心自己可能會做出破壞性的舉動，或者這段關係會從有所缺乏惡化成告終。

六、**以爲自己沒有必要開口**。這種錯覺反映出我們懷抱著幼兒般的願望，期待對方能徹底理解自己。我們希望有個人能預期並滿足我們的每一個需求，就像嬰兒時期父母爲我們做的一樣。

別等待他人來滿足你

兩難的是，等待他人滿足你的需求其實是最難滿足需求的方法，而且在等待過程中還有可能衍生出許多問題。內心藏著尚未滿足的需求時，你會感到匱乏，因此可能會變得情緒不穩、冷淡和悶悶不樂，最後甚至可能心生怨恨，因爲你誤以爲對方一清二楚你的需求，就是不願意滿足你。此外，以其他方式塡補內心空虛的衝動也會日漸累積，導致你出現愚蠢的行爲，或者最糟糕的情況是，你可能會發展出強迫傾向——濫用酒精或藥物、出軌、賭博等等——而這類行爲只會讓你在感到匱乏之外，更飽受羞愧和罪惡感所苦。

表達自身需求並不是軟弱的表現，也不是自私或冒犯的行爲，只要你的請求是公平、合理、應得且必要的就沒問題。說實話，開口要求大概是唯一能滿足需求的方法，而且就算你現在可以接受某一項需求沒有被滿足，也不代表你能一直忍受下去。

"

實用啟示——

如果你很在意某項需求，
一定要開口要求，才能得到滿足。

"

自我改善練習

- 承認自己有需求。人人都有需求，而且總有一天會顯露出來。
- 不論你的需求是什麼，先判斷自己能否接受這項需求一直不被滿足。有些需求值得為了一段人際關係犧牲，但如果沒有滿足這項需求會對你造成困擾，而且你發現自己開始幻想需求滿足後的樣子，這項需求應該已經強烈到難以忽略。
- 了解到如果自己不開口，對方很有可能不知道你的需求，畢竟沒有多少人會讀心術。

- 試著不要用命令、批評或抱怨的方式表達自己的需求。
- 用陳述事實的語氣說明自己的需求，表達的重點應該放在你希望從現在開始該需求可以被滿足，而不是強調需求一直沒有被滿足。
- 試著讓對方選擇要同意還是拒絕。你當然可以希望對方同意，但請不要強求。
- 時機很重要。舉例來說，如果你有性方面的需求，請不要在床上提出來，而是把這個請求當作性行為前戲的一部分，像是：「知道今天晚上你回家之後我想做什麼嗎？」或者在看性感電影或書籍時說：「有機會我也想試試看。」

39

對方需要的是關心或同理，你卻提供建議

「愛的首要之務，便是聆聽。」

——保羅．田立克（Paul Tillich）

伊莉莎白衝進家裡後情緒失控地大吼：「你絕對想像不到發生了什麼事！我為了這個提案辛苦了好幾個星期，結果他竟然自己上臺發表簡報，完全沒有提到我的貢獻，甚至沒有私下謝謝我！」

就在她喋喋不休的同時，她的丈夫戴維在躺椅上坐立難安，試圖想出能讓她恢復平靜的關鍵詞。最後，他忍不住插嘴說道：「我的老天，莉茲，你反應過度了。」

「反應過度！他應該尊重我才對，怎麼可以……」

「那你為什麼不阻止他？」

「眞是多謝了，早知道我就省下跟你講話的力氣。」

你應該可以料到接下來的發展，原本是伊莉莎白亟需抒發自己的感受，最後卻演變成激烈的爭吵。大多數的親密關係都發生過這類狀況，其中一方向另一方尋求同情和支持，對方卻認爲自己小題大作，於是最後反而開始對自己想尋求認同的對象發脾氣。

「怎麼會有人給不出好建議？這種便宜的東西又不用花什麼錢。」
——羅伯特．伯頓（Robert Burton）

當我們不知道如何處理對方的緊繃情緒，就會出現這種類型的互動。我們希望對方的情緒好轉、冷靜下來，也希望幫助對方克服讓他不開心的事，而在事發當下，看起來最理想的做法就是努力解決問題。於是，我們加入對話，並提出自認很冷靜的解決方法：「好，讓我們來看看有哪些選項。」或「早就跟你說要辭職才對。」又或者，我們試圖藉由改變對方的感受來解決問題：「不要把事情看得那麼嚴重。」「我敢說他一定不是故意的，別煩惱了。」而更糟的是，我們會小看事情的嚴重性，說出這樣的話：「有工作就很幸運了。」或「你覺得這樣很糟喔？我有告訴過你那一次……嗎？」也許我們的本意是安撫對方，但這類發言聽起來就是瞧不起人又毫不貼心，聽在對方耳裡就等於：「你有這種感覺眞是太蠢了。」

「關心是最偉大的感情，
關心重要無比。」
——弗里德里希・馮・許格爾（Friedrich Von Hugel）

先承認並同理當事人的苦惱

當這類情況發生在父母和孩子之間，特別需要小心處理。史提夫和緹娜・羅賓森爲了女兒南西來向我諮詢，九歲的南西開朗又討人喜歡，最近卻開始和其他孩子處得不好。她一直表現出挑釁、沒有耐心又偏狹的態度，因此不斷失去朋友。父母得知情況後試著勸說她，並提出很有道理的建議，例如友誼的重要性及不善待他人的後果，結果南西的反應是變得陰晴不定又悶悶不樂。羅賓森夫婦不停嘗試各種方法，但不論怎麼努力，都只換來爆發的憤怒。

南西來到我的診間後，我問她究竟在煩惱什麼。「沒什麼。」她這麼回答，於是我重複問了幾次，但改用不同的字眼，最後她終於說：「我不知道。」我和善而堅定地追問：「一定是有什麼問題，因爲你一直表現得很好。」南西再次表示她不知道，不過顯然正在努力找出答案。最後，經過短暫的沉默，她脫口而出：「我是第一個出生的，所以我會第一個死掉。」然後開始啜泣。

原來，南西的行爲劇變是從弟弟出生之後開始的。難以適應新手足是很常見的狀況，但由於她把年紀較大和先死亡連結在一起，讓她的負面情緒加重，更遑論她覺得自己是一個人面對這種恐懼。她的父母提供了建議和指引，但由於他們和南西不一樣，並不是家中第一個孩子，所以無法理解她特有的焦慮。南西需要的是有人耐心而堅定地協助她找到方法表達自己一直以來的感受。

一個人情緒低落，往往涉及兩大要素：**因爲遭遇的狀況而沮喪**，以及**覺得是孤身一人面對**。但我們並沒有意識到這一點，因爲我們聽到的是「我遇到問題了」，聽起來就像是當事人在尋求協助，所以我們的回應就是提供建議。然而在多數情況下，當事人的首要需求其實只是不要感覺那麼孤單，想要看到你關心。如果你沒有先承認並同理當事人的苦惱，就試圖解決問題，在他眼裡你會顯得冷漠、疏遠又理智，好像只是想要迴避他的痛苦。

聆聽並給予關心才是最重要的

最主要的問題是，你是用邏輯方法在應對情緒層面的狀況。對方需要的是安慰和關心，如果你只是提供解決方案，聽在對方耳裡就會像是：「你覺得難過或受傷對我來說不重要。」這簡直是在暗示：「吃兩顆阿斯匹靈就好，不要在早上吵醒我。」

當你在乎的人情緒低落，你在提供解決方法之前，必須先向對方展現你的關心；如果你沒有這麼做，對方已經在燃燒的怒火就會蔓延到你身上，他心中的不滿會直接衝向你。「你根本不懂。」他生氣地說，結果你回答：「我當然懂。你就應該這樣做。」或者，當對方指控你毫不關心，你的回應卻是：「什麼意思？

你說我不關心？如果不關心，我幹麼要告訴你解決方法？」到了這個時候，情緒能量已經轉換了：你變得憤怒，對方則開始冷靜。

務必讓對方知道，不論有什麼感受都是正常的，而且你可以體會。「天啊，如果發生在我身上，我也會很生氣。」或是，「我真的不想遇到這種事。」又或者，「我也遇過這樣的情況，真的糟透了。」只要像這樣表達，對方馬上就會覺得沒那麼孤單。

接下來，你必須採取進一步的行動：幫助對方結束感受情緒的階段。提出「你的感覺有多糟？」這樣的引導式問題，就是鼓勵對方一五一十描述的絕佳方法。一旦講出來，對方就會冷靜下來，這時就能開始進行比較具建設性的討論。

實用啟示——

別人不關心你懂得多少，
除非知道你有多關心他們。

自我改善練習

- 展現你在乎對方的感受，讓他完整表達自己的情緒，切勿糾正、批判或打斷他。
- 如果你察覺到對方需要聊一聊但又不願開口，可以提出關於人物、事發經過、時間、原因和地點的問題來接續話題。
- 如果對方仍然沒有完全坦承，可以提出「你的感覺有多糟？」或「你有多害怕？」之類的問題，幫助對方更深入地探尋。
- 如果對方的回答很模糊，請溫柔地追問，直到他說出這樣的答案：「我覺得好想死。」或「我害怕到睡不著。」
- 一般而言，除非對方主動尋求建議，否則不要提供；如果你不確定，直接詢問對方是否需要協助或建議。

40 覺得自己還沒準備好而打退堂鼓

「緊張是我的能量來源，是我工作的利器。
如果我不緊張，覺得輕鬆自在，
這時我就會開始擔心了。」
——麥克・尼可斯（Mike Nichols）

「懷疑固然令人不快，
篤定卻是荒唐可笑。」
——伏爾泰

保羅是刑案律師，五十歲的他瀕臨過勞，厭倦了壓力、辦公室政治和通勤，也受夠了夢見自己幫忙爭取到無罪的被告犯下禽獸不如的罪行，於是決定離職，並在住家附近開設小型的私人律師事務所。這項計畫有財務上的風險，但保羅認爲只要家裡同意縮減開支，就行得通。

幸好，保羅的妻子和孩子都支持他的決定，而且一直到他向公司提出辭呈的那一刻都立場堅定，然而保羅本人卻突然開始擔心。他來找我諮詢時，幾乎已經要打退堂鼓放棄了。「我眞的害怕到受不了。」他說，「也許這是天大的錯誤，也許我還沒準備好。」

保羅因爲一個誤解而煩惱不已，那個誤解我們許多人在做出重大改變或展開新任務之前也會有：他以爲覺得不安就代表自己還沒準備好。

不論我們即將採取的行動是投入一段戀情、展開新的職涯、生育小孩，或是向某人表達自己的眞實想法，我們通常都會期望自己很冷靜且準備充分——一種神話般的心理狀態，沒有緊張、沒有不安、沒有猶豫、沒有懷疑。因此，當我們覺得憂慮不安，就會把這種狀態視爲自己還沒有眞正準備好的跡象。接受這種觀念可能會導致悲慘的後果，因爲在回首一生時，讓我們後悔的絕對不是自己做過什麼，而是那些想做卻沒有去做的事。

將緊張的情緒轉換爲行動的能量

事實上，當我們面對挑戰或巨變，感到焦慮本來就是正常反應，腦中冒出「我有辦法做好嗎？」或「我的決定正確嗎？」這類想法也很正常。如果因爲這些想法而退縮，我們最後便會將就；而假如我們接受一**定程度的緊張是讓頭腦和感官保持警覺的必要條件**，就可以臨危不亂，並且有效應對眼前的各種情況。在現實生活中，和電影情節不同的是，即使是英雄，在拯救世界之前也會感受到一定程度的煩躁不安。世界知名的運動員和演員在上場之前也會緊張，但他們不僅已經習慣這種反應，更學會將緊張情緒的能量轉換成動力和有效的行動。

不過，**這種焦慮不該和恐慌混爲一談**。恐慌會導致我們無法正常運作、失去能力，更難以做出有效的反應。如果保羅是陷入恐慌狀態，我就會同意他確實還沒準備好。此外，我也會同意他的計畫不切實際——假如當初他說要辭去工作，並用所有的積蓄買下一輛露營車，然後以巡迴表演音樂的方式養活一家人，我就會認同他應該因爲感到不安而重新考慮。但事實上，保羅已經研擬出合理的行動方案來解決實際的問題，而以一個對家庭負責卻正要展開重大改變的男性來說，他的焦慮完全合情合理。

區分出「準備好」和「有準備」

另一組必須明確區分的概念是「準備好」和「有準備」。準備好指的是擁有充分的資源來處理任何合理的意外事件，有準備則表示擁有面對特定狀況的必要資源。舉例來說，我自認已經準備好回答幾乎所有和離婚有關的問題，因爲我花了數千小時在協助經歷離婚過程的患者；然而，儘管我的相關經驗豐富，除非我已經寫好授課內容並演練過，否則就不是有所準備要好好爲精神科的學生上一堂以離婚爲主題的課。專業程度遠不及我的人也許可以透過背稿來完成一場出色的演講，他可以**有準備**地上課，卻未必能**準備好**回答問題，或是爲正經歷離婚過程的人提供建議。

你內心的憂慮可能表示缺乏準備，而不是沒有準備好——如果是這種狀況，你可以透過周密的準備來減緩焦慮。不過，請不要期待所有的疑慮和緊張不安都會消失，這種思維會導致你陷入所謂的「零風險謬誤」：想要確保開始之後不會遇到任何麻煩或意外。現實生活中根本沒有這種保證，不確定性永遠存在，尤其是在面對其他活生生的人時。這就是爲什麼年輕的準新娘或準新郎臨陣退縮時，已婚人士都會忍不住竊笑，因爲他們知道準新人一直希望會出現某種神聖的徵兆，在婚禮前消除一切惱人的疑慮，而這顯然是一個浪漫卻不切實際的願望。

你眞正的挑戰並不是消除不安，而是辨別你何時已經準備好，不能再好了。如果你一直在等自己徹底安心，可能會等到整個人生都耗盡。

“

實用啓示——

緊張不代表你沒有準備好。

”

自我改善練習

- 如果你覺得自己還沒準備好，很想放棄，請先暫停一下。
- 自問你為什麼認為自己還沒準備好，列出所有原因。
- 自問要有什麼條件才能讓你覺得已經準備好。
- 這些必要條件達成的機率有多高？你必須採取什麼行動才能實現這些條件？值得你投入時間和努力嗎？
- 自問你是否已經有所準備。如果想要從客觀的角度解答這個問題，可以詢問有經驗的人該如何做準備。
- 回想自己過去曾經打退堂鼓的狀況。現在回頭看，那時候的決定是很明智，或者令你感到後悔？

Eurasian Publishing Group
圓神出版事業機構
用心與你對話・綱野無限寬廣
方智出版社
Fine Press

www.booklife.com.tw　reader@mail.eurasian.com.tw

自信人生 171

別再扯自己後腿了：
全美最佳精神科醫師教你戰勝自我挫敗，解決各種難題

作　　者／馬克・葛斯登（Mark Goulston）、菲利浦・高德堡（Philip Goldberg）
譯　　者／廖亭雲
發 行 人／簡志忠
出 版 者／方智出版社股份有限公司
地　　址／臺北市南京東路四段50號6樓之1
電　　話／（02）2579-6600・2579-8800・2570-3939
傳　　真／（02）2579-0338・2577-3220・2570-3636
總 編 輯／陳秋月
副總編輯／賴良珠
主　　編／黃淑雲
責任編輯／李靜雯（特約）・黃淑雲
校　　對／李靜雯・黃淑雲
美術編輯／林韋伶
行銷企畫／陳禹伶・鄭曉薇
印務統籌／劉鳳剛・高榮祥
監　　印／高榮祥
排　　版／杜易蓉
經 銷 商／叩應股份有限公司
郵撥帳號／18707239
法律顧問／圓神出版事業機構法律顧問　蕭雄淋律師
印　　刷／祥峰印刷廠
2021年2月　初版

定價330元　ISBN 978-986-175-577-9

超速學習者懂得在開始學習前先畫出地圖，也會去學習其他人是如何學會自己想擁有的能力。

——《超速學習》

◆ **很喜歡這本書，很想要分享**

圓神書活網線上提供團購優惠，
或洽讀者服務部 02-2579-6600。

◆ **美好生活的提案家，期待為您服務**

圓神書活網 www.Booklife.com.tw
非會員歡迎體驗優惠，會員獨享累計福利！

國家圖書館出版品預行編目資料

別再扯自己後腿了：全美最佳精神科醫師教你戰勝自我挫敗，解決各種難題／馬克・葛斯登（Mark Goulston），菲利浦・高德堡（Philip Goldberg）著；廖亭雲 譯 .-- 初版 .-- 臺北市：方智出版社股份有限公司，2021.02
272面；14.8×20.8公分 --（自信人生；171）

ISBN 978-986-175-577-9（平裝）

1.自我實現　2.生活指導

177.2　　　　109020915